ふるさとの未来のために——推薦の言葉——

谷口　義幸

郷土の大先輩、松田正照さんがこの度、長い歳月と深い探究心でもってまとめられた著書『河内之国風土記　鈴嶽物語』を発刊されるに当たり、郷土史家でもない一市民の私に、冒頭の一言を書いてほしいとのご依頼を頂き、僭越ながらお引き受けしました。

さっそく表題の現地、日南市の西、串間市の北の境界に位置する男鈴山・女鈴山に登り、鈴嶽神社を訪れ参拝してまいりました。平成十五年の松田先輩や有志の方々による神社建立に思いを馳せる時、よくも山上の見晴らしの良い場所にかくも素晴らしい神社を造られたかと思うと、心からの感動を覚えた次第です。そのご努力と信念に改めて敬意を表します。

松田先輩は生涯を通して日南市議会議員として、大窪中学校独立開校、分村日南市合併実施、みかん害虫防除器具・誘蛾灯を考案（日本初）し宮崎・鹿児島両県に普及、合わせて農村電化推進、日南地域テレビ難視聴解消に中継基地設置・共聴組合設立、上隈谷・上毛吉田・下塚田・大窪の山間地振興のため県道三号線主要地方道の路線変更、細田・大窪・隈谷全域に全自動電話を同時開設等々、郷土づくりに邁進されつつ、各地域の歴史・文化・伝統を掘り起こし、つつじや藤の花の植栽を通じて自然を愛し、明るいふるさとづくりにご尽力されました。今回の『鈴嶽物語』はその集大成であるとともに、今に生きる人々の心の原点であると思料いたします。

ご承知のように、この宮崎県南地方は古事記の言う「神話から歴史」へ転換点となったところで、青島神社、鵜戸神宮、潮嶽神社、榎原神社、串間神社などは全てあの海幸彦、山幸彦のゆかりの神社であります。山幸彦の孫にあたる神武天皇の少年時代、日南地方は「日向《ひむか》の国吾田《あだ》村」と言われ馬に乗って走り廻っていたとの話が伝わっており、おそらく当時も遠くに男鈴山・女鈴山の姿が眺められ、大自然の良さに浸っていたに違いありません。その馬を祀ったところが駒宮神社であり、奥方は当地の吾平津《あひらつ》姫で乙姫神社に祀られています。神武天皇建国から皇家は二六七五年続いておりますが、そのようなことから日南地方は「日本のふるさと」と言っても過言ではありません。

また、当時の産業、経済、暮らしや伝統はもとより、各地区の神社、仏閣、自然に係る伝説やいわれについても解説されており、正に「温故知新」のバイブルとして極めて貴重な一冊と言えます。

後半には自然環境について触れられており、ご高説のように、古より森林に覆われていた山々も、経済という言葉のもと人間の欲望を満たすために山の上まで伐採され尽くし、今ではエサのなくなった動物が街に出没し、鳥も住めず植物の生態系が変化しています。山や森は本来水源涵養林として、洪水を防止し、田畑をうるおし、飲み水や工業用水として活用され、海に流れプランクトンを育み、人間も自然とともにありました。しかし今や、世界中で森が消え炭酸同化作用が減少し、地球温暖化による集中豪雨や干魃が多発しておりますが、かの神武天皇がこのような姿を見られたらどう思われるでしょうか？

私たち人間がこれまでを振り返って何をしてきたか、また、これからの未来のために何をなすべきか、この『鈴嶽物語』をご覧頂ければそのヒントが得られると考えますので、私が推奨する所以であります。より良いふるさとの未来のために。

二〇一五（平成二十七）年夏

端書

日本書紀や古事記あるいは風土記からして、どれほど私達の祖先が地名に強い関心を寄せてきたかが分かります。それは其処に生きた人々の暮らしや言語の索引でもあり、地名は歴史でもあります。

我が国には何千年前の化石のような地名が今も生きているのです。地名は不思議な生き物であり、古来、社寺の苔生《こけむ》した庭石や、滑らかな光沢を帯びた石畳のように、時間が空間として凝固《ぎょうこ》した姿と言えます。

自然信仰の鈴嶽《すずたけ》神社境内にある石塔群は、飫肥城下の町組や、串間住民・延岡領高千穂住人・大阪商人のほか各方面から献塔されたものであります。

鈴は古来、銅鐸《どうたく》に始まり「鈴の音は神霊に通ず」の信仰から鈴嶽の神力霊験灼《れいげんあらたか》を願う信仰心が如何に厚かったかが社名からも窺《うかが》えます。

山容が秀麗な高嶺は、古くから神霊が宿るとされ、男鈴山女鈴山も、大山祇神《おおやまづみのかみ》の降臨の聖地と崇《あが》められ、霊鳥鳳凰草の地名の起こりとなっていて、気高さと美しさでは他山に秀《ひい》で、特に飫肥城本町から遠望する鈴嶽の容姿は、城下町と調和し、一幅の絵画の美観があります。

鈴嶽物語は、旧称「河内」といわれた地方の語部《かたりべ》から語り継がれた、神話と地名との拘《かかわ》りの深いものであります。

鈴嶽神社の熱心な崇敬者《すうけい》であった、川越廣治・田中庄平・矢野久美・松田義明・田中他見男・田中長次郎・堀口末吉・黒原市作・津曲賢世・肥田木稔・川越芳夫・矢野秀人・肥田木正章（何れも故人）の有志は、鈴嶽神社の由来を物語る伝承に並々ならぬ意欲を持ってこられた方々でありました。

平成十年大平地区（中河内）の熱烈な発意のもとに、大窪地区（東河内）と合同で、鈴嶽神社の再建事業に取り組み、荘厳な社殿の造営、頂上までの自動車道の開削に尽力しました。この完工と合わせて、ふるさと林道が開通したのを契機に参拝・観光に訪れる人々に合わせて、徒歩登山者も次第に増加し、縁日や初詣には盛況を極めるようになりました。

男鈴山が『宮崎百山誌』に紹介されたことと相俟《あいま》って、登山観光参拝者から、山の様相や登山経路、鈴嶽神社の謂《いわ》れの照会が日増しに多くなり、詳《くわ》しい案内が求められるようになりました。

伝承の聞き書きによる物語には、長い歴史と自然の気配が濃厚に漲《みなぎ》り、観光的にも意義のあるものと考え、先人の願望に応えるためと、照会者の道標《みちしるべ》になればとの考察から、小誌を起稿致しました。

装画　東　輝男

目次

河内之国風土記　鈴嶽物語

河内之国風土記

鈴嶽物語

第一章　鈴嶽神社の歴史

鈴嶽神社

鎮座　宮崎県日南市
　　大字大窪字鳳凰草壱番地

鈴嶽神社祭神

主祭神　大山祇神《おおやまづみのかみ》
副祭神　草祖茅野媛神《くさのおやかやぬひめのかみ》

摂社神　御子神の夫婦神八柱

男神　　　　　　　女神
天之狭土神《あまのさづちのかみ》＝国之狭土神
天之狭霧神《あまのさぎりのかみ》＝国之狭霧神
天之闇戸神《あまのくらとのかみ》＝国之闇戸神
大戸惑子神《おおとまといこのかみ》＝大戸惑女神

末社神
猿田彦命《さるだひこのみこと》
猿女君《さるめのきみ》　夫婦神

由緒沿革

鎮座地は日南市と串間市の境界に位置する標高七四一メートルの女鈴山の頂上で、飫肥の西方にひときわ目立つ山で、晴れた日は、屋久、種子島が見渡せる。

薩摩の藩士丸目八郎なる武士が、この地に大山祇命を勧請したという古文書が伝わっている。日南市塚田神社の縁起に島津の樺山安芸守、男鈴山鈴嶽神社に参詣の帰途云々のくだりがある。これだけの山上にもかかわらず、数多くの燈籠が奉納されているが、文字の風化したものが多く、わかるものでも、天明、寛政三年（一七九一）、弘化と相次いでおり、古来の信仰が窺える。崇敬者は、飫肥方と串間方とに分かれ、社殿も二棟並立して建てられたのを昭和二十八年、地元が浄財をつのり、同三十年三月、串間方奉納の社殿のあとを中心に社殿を造営した。

（「宮崎県神社誌」より）

一、鈴嶽の神信仰

山岳の信仰

鈴嶽信仰の起源は、山岳信仰である。

農耕の全く無かった古き時代は山が生活の総《すべ》てであった。山は神であり、神は山に宿るとの思想が、必然的に発生し、山岳信仰が崇《たか》まったものであり、起源は何時からと明言出来るものではない。大昔から、山を崇《あが》める思念はあったものであろう。

山の神時代

人間が定住化するに従って、神を抽象化《ちゅうしょうか》して信仰するようになり、鈴嶽大山の神の信仰が起こったものである。

山の大神信仰は、時代と共に崇まり、山をご神体とする、山の神信仰は絶対的なものとなり、神に対する思想信条は、宗教的に発達して、やがて日本神道の真髄《しんずい》となった。

鈴嶽開山と山伏の起こり

鈴嶽大山の神の開山は、奈良時代八世紀、和銅七年甲寅《きのえとら》(七一四)と伝記に見える。今から遡《さかのぼ》ること約一三〇〇年を数える、古き時代である。

残されている古い神社記によると、奈良朝元明天皇時代とあるが、元明天皇は飛鳥《あすか》時代、慶雲から和銅年間である。元明天皇は、慶雲四年（七〇七）七月十七日即位、和銅八年（七一五）九月二日退位となっているから、一三〇〇年以前となる。奈良時代最初の天皇で、貨幣・和同開《かい》珎《ちん》の鋳造を命じ、流通させたことでも知られる。

いずれにしても相当古い時代に開山されたのであろう。

人々は、天災・地変・豊作・不作・人の幸・不幸等様々な事象に翻弄《ほんろう》され、苦悩《くのう》していた。地動説や、気象学等全く無知の時代であるから、あらゆる事象《じしょう》は、全て神の成《な》せる業《わざ》と信じ、荒ぶる神には、供物《くもつ》を捧げ、神楽《かぐら》を奏じ慰撫《いぶ》の念を表し、好事を齎《もたら》す神には、感謝の意を表す祭儀を一心に捧げ奉《たてまつ》った。

神と人とを取り持つには、宗教的呪術師《じゅじゅつし》が求められた。神意を得ることの出来る覡《かんなぎ》として、山伏宗が起こり、常時厳《きび》しい行を重ね超人的技能を体得し、「済世利民《さいせいりみん》」の行住坐臥《ぎょうじゅうざが》は、衆生《しゅじょう》の熱い畏敬《いけい》を受けていた。

神仏習合時代　鈴嶽大明神信仰

大和《やまと》時代、六世紀（五三八）に百済《くだら》から仏教が伝来した。日本古来の神道に、仏教が加わることで、日本の宗教観には、一大衝撃《しょうげき》が起こり、紆余曲折《うよきょくせつ》の中に和の思想から、神仏習合《しんぶつしゅうごう》という日本独特の宗教体制が生まれた。

鈴嶽大明神信仰の中興の士と言われる、樺山《かばやま》安芸守丸目八郎は、熱烈な鈴嶽大明神の信奉者であった。伊予国日本総鎮守大山祇大明神のご神霊を奉じ、鈴嶽に勧請《かんじょう》し鈴嶽大明神として、崇《あが》め奉った、と伝記に見える。

以後河内の国住民の鈴嶽大明神信仰は益々高揚した。鈴嶽神域に奉納されている石塔群はその証《あかし》である（丸目八郎については第十三章一六三～一六六頁参照）。

その後も鈴嶽大明神信仰は更に思想深化し、飫肥方は享保九年（一七二四）祠堂を新築するに至った。以後天明元年（一七八一）、寛政三年（一七九一）、弘化五年（一八四八）に修改築を行っている。

二、鈴嶽神社時代——棟札の記録——

鈴嶽大明神信仰は、漸次隆盛する中に、明治元年（一八六八）神仏判然《はんぜん》令により、神仏習合体制は解体され、終熄《しゅうそく》することとなった。

社殿の造営については詳《つまび》らかではないが、残存する棟札には、次のような記録がある。

㈠　明治五年（一八七二）壬申《みずのえさる》三月十六日

日向国那珂郡塚田村甲

庄屋　氏名（腐朽して不明）

年寄　氏名（腐朽して不明）
社掌　星野俊如　飫肥
御新造、御社壹宇《いちう》
武運長久・国家安全・五穀成就・息災延命・諸災消除牧
並、勧請《かんじょう》年不審トイエドモ、享保十九年（一七三四）甲寅《きのえとら》再建附、
鈴嶽大明神ト称シ来ル処、御一新之際鈴嶽山神社と改称ス

この棟札の記録からすると、享保十九年に再建し、鈴嶽山大明神と称していたが、明治御一新（維新）の際に鈴嶽神社と改称して、明治五年（一八七二）に新築造営した。

造営の司《つかさ》は、庄屋・年寄（棟札が腐朽して氏名不詳）で、共に日向国那珂郡塚田村甲とある。

当時大窪村は、塚田村と親交があり、東河内と称していた。

この記録から推知されることは、享保十九年（一七三四）まで遡及《そきゅう》するとすれば、明治五年（一八七二）からは一三八年、平成二十七年（二〇一五）からだと二八一年以前から信仰されていたことが明白となる。

(二)　明治四十五年（一九一二）四月
奉　新築鈴嶽神社社殿一宇
社　　掌　星野俊如《しゅんにょ》

崇敬者総代　川越廣治　坂元政次郎　岩倉伝七
大　　工　松田文平　松田勇助
新築委員　松田弥平　長津猪三郎　坂元定吉　安藤安平　森山栄八　安村友吉
水元喜佐美　森山栄被　田中庄平　田中長市　酒井伯正　谷口顕義
河野治樹　田中治美

鈴嶽神社誌に天明元年（一七八一）、寛政三年（一七九一）、弘化五年（一八四八）が見えるが、この間はもとより、享保十九年以前にも、幾度か社殿の改築が行われたのではないかと推測される。

串間方も、記録はないが、飫肥方同様に、古くから社を建立していたが、文化三年（一八〇六）に、延岡藩領高千穂庄の住人佐藤久七他、風野村の加藤清兵衛、石切・古屋弥吉の刻名がある。石祠寄進からは、石祠をご神体として崇《あが》めてきたことが推察できる。

㈢　昭和三十年（一九五五）三月十五日

当神社ハ奈良朝元明天皇御代、薩摩藩士、丸目八郎ト云ウ武士、此ノ地に、大山祇命勧《かん》請《じょう》セシ由、古書ニ見ユ、其ノ后当境内ニ、串間方ト飫肥方ト、建立シタル社殿二棟並立アリシヲ、昭和二十八年（一九五三）来当社ノ改築ヲ計画シ、協議ノ結果左ノ委員ヲ選定シ昭和三十年（一九五五）三月十五日、串間方ヨリ奉納セシ石ノ社殿アリシヲ、中心ニシテ、合祀セルモノ也。

顧　問　堀口末吉　黒原市作　川越廣治

委　員　田中他見男

副委員　津曲賢世　坂元政次郎　伊豆本興平　奥野安吉　坂元定吉　小西広水　松田義明　安藤政美　安村喬　壹岐猪平　安竹森男　黒井政次　田中治美

昭和三十年（一九五五）に串間・飫肥両方の代表が熟議の結果一社に纏めることにしたのは、後世のため、有意義なはからいであったとするものである。

平成十年鈴嶽神社本格新築

平成八年から、串間市大平（中河内）の風野・片野・広野・大平・田之野・中原の六集落の熱心な発意によって、荒廃腐朽した鈴嶽神社の再建並びに頂上まで自動車道の開削動議があり、日南市大窪東河内の宿之河内・南平・寺村・仮屋・茶円・通水の六集落が同意した。そして、度重なる協議のもとに多額の浄財の寄進を仰ぎ、大平方の多大の労力奉仕に加え、中河内の建設業者の特段のご尽力によって、平成十年、多年の宿願であった本格的社殿と頂上までの自動車道が見事に完成したのである。

鈴嶽神社後世に伝えたい

住民ら「標柱」建立

串間市大平の住民グループ鈴嶽の里づくり会（長野勇夫会長、5人）と、県自然保護推進員の松田正照さん(90)＝日南市園田＝は17日、串間と日南市境の女鈴山（741㍍）山頂にある鈴嶽神社（金丸隆子宮司）境内に主祭神や歴史などを記した石材の標柱を建てた。昨年、古事記編さん1300年だったことを機に発案し、同神社を後世に伝えたいという思いを込めた。

標柱は松田さんが発案し、串間市の医療法人秀英会から寄付金を受けて建立。高さ約2㍍で、正面に鈴嶽神社と表記。側面に主祭神の大山祇神（おおやまずみのかみ）や明治時代からの神社のいわれなどが記されている。

同日は金丸宮司による神事があり、同会や松田さん、工事関係者ら15人が参加。おはらいの後、玉串をささげた。参加した長野会長(78)は「立派な標柱ができたので参拝に来てほしい」と願っていた。

同会によると、同神社はかつては参拝者らが多く訪れていたが、軽トラック1台が通れるほどの林道と参道合わせて約7・6㌔を地元集落から登ることや信仰心の薄れから足が遠のいていたという。同会は1997年ごろから、参道を舗装し、草を払うなどして保全。99年には新しく社殿を建てた。現在は正月に両市を見渡せる展望所から初日の出を拝んだり、3月に例大祭を開いたりしている。

鈴嶽神社の標柱の前に立つ、松田さん（中列左）や鈴嶽の里づくり会メンバーら

鈴嶽神社標柱建立を伝える記事
（宮崎日日新聞 2013年5月22日付）

神社の社格

明治政府は、皇統連綿、日本神道を基調とする国家神道を定め、中央集権的政治を確立施行し、明治四年（一八七一）、太政官布告により神社の社格を定め、系統的に全国信仰を推進せしめた。官幣大社・中社・小社、国幣大社・中社・小社は国家管理、別格官幣大社・中社・小社

は国の特別扱、県社は県管理・郷社は郡制度のときは郡、郡廃止後は数村の共同管理、村社は町村の管理で、それぞれの国県町村から幣帛料《へいはくりょう》（補助金）を奉納した。

しかし、戦後の昭和二十一年（一九四六）、勅令第七十一号により社格は全て廃止された。

平成十年（一九九八）十一月二十六日、鈴嶽神社の再建新築が完成したことにより、神社庁に届出を行った。

「ご協力いただいた方々の労をねぎらうと共にその功績に対し、深甚の敬意を表するものであります。

尚ふるさと林道が開通したことは錦上《きんじょう》花を添えるものとして、鈴嶽観光に脚光を浴びるものと期待するところであります。」

其の後、森林管理署の林道改良延長事業によりふるさと林道は、「ふるさと林道峠」から女鈴山頂上の林道に連結された。

神職

古代、大明神・大権現と呼んだ神仏習合時代の神仏祭礼を司る職名を、祝人《はふりと》・祝部《はふりべ》・祝女《はふりめ》・別当《べっとう》・社掌《しゃしょう》・社司《しゃし》等と言ったが、今日では神官・神主が一般的である。

現在の神職名は、宮司・権宮司《ごんぐうじ》・禰宜《ねぎ》・権禰宜《ごんねぎ》がある。また、正式神職ではないが巫女《みこ》がある。

東河内の、鈴嶽神社・塚田神社・大窪神社の神主は古くから同一人であったが、古い時代は記録がないので不明である。明治元年神仏判然令以後の、東河内三神社の神主は左記の通りである。

鈴嶽神社・塚田神社・大窪神社　**歴代神主名簿**

初代	星野俊如	飫肥紀	社掌
二代	矢野久美	大窪仮屋	宮司
三代	原田眞滿	大窪通水	社掌
四代	矢野義博	大窪仮屋	社掌
五代	宮川　翠	大窪通水	社掌
六代	金丸滿則	大窪仮屋	宮司
七代	金丸隆子	大窪仮屋	宮司

河内地方の鈴嶽大山神信仰

河内地方の自然信仰の象徴であった鈴嶽大山神、現鈴嶽神社の信仰は、社歴にも述べたように極めて古く絶大的なものであったことが、史跡からしても窺《うかが》い知ることが出来る。

昭和十六年（一九四一）頃までは、鈴嶽登山が盛んで、細田村・榎原村・大束村・酒谷村は、村長をはじめ有志はもとより、小学校生徒全員が登山して、柴小屋を掛けて一泊したものであった。

縁日には近在近郷の参拝者で山上は溢れんばかりであった。特に夫婦山と象徴され、縁結びの神の信仰から、若い男女の参詣が多く山頂には出店が立つ大変な賑いであったが、終戦後から信仰が極端に薄れ、参拝者が激減した。

平成十年（一九九八）大平河内、大窪河内両地区で、新社殿を再建し、加えて頂上まで自動車道を完成するに合わせて、小布瀬・風野間のふるさと林道の開通を契機に、往時の盛況には至らないものの、登山者・参拝者が徐々に増加しつつあることは喜ばしいことである。

神社参拝唱歌

前述のように、明治政府は、皇統連綿《れんめん》・日本神道を基調とする、中央集権政治を確立施行した。国民には神道崇《すう》拝を推《お》し進め、昭和七年（一九三二）には文部次官通達十四号で、学徒生徒児童の神社参拝を学校教育に取り入れ、国の祝祭日や神社の祭事には神社に参拝して、「神社参拝唱歌」を斉唱させたのである。

昭和十五年（一九四〇）は神武天皇即位二千六百年に当たるということで、国家行事としての奉祝祭が全国的に盛大に行われた。

宮崎県は、天孫降臨の地であることから、国家行事の中心地となり、八紘一宇の塔（あめつちのもとはしら）が建立され、多くの祝賀行事が挙行された。

以後、敬神思想はいっそうたかめられていったのである。

神社參拜唱歌

文部省檢定濟
全國神職會制定
東京音樂學校作曲

一、この靜宮に鎭りて
すめらみかどのみさかえを
常磐堅磐に守ります
神のみいづのたふとしや

二、おほみたからと名におへる
大和島根の國民を
千代萬代にめぐみます
みたまのふゆのかしこしや

三、この大前に額づきて
君と民とにさちあれと
たゞひとすぢに祈るなる
わが眞心をきこしめせ

三、飫肥城武士の配置

江戸時代飫肥藩は、飫肥城防衛に武士の配置を、東方衛板敷村に二四一戸、西方衛吉野方村に一五〇戸、南方左衛星倉村に九二戸、南方右衛楠原村に一四七戸、南方前衛大手・十文字・本町には、上級武士を居住せしめ堅固な防衛とした。

明治になって廃藩置県、士農工商制度が廃止になり、当時の飫肥藩の武士は、

飫肥地方　二七一七戸
清武地方　　二八〇戸
　計　二九九七戸

であったから、一戸一人でも約三〇〇〇人の大所帯であった。

士族の移住

明治政府の改革、士農工商の身分制度の撤廃は飫肥藩に於いても一大事件であった。城下に群居していた武士は、郷村に移住せしめ、帰農または商工に就業することとなった。明治四年辛未《かのとひつじ》（一八七一）七月四日、楠原・星倉・板敷・吉野方から、他の郷村に移住する者には手当金が支給された。

時の飫肥藩の通達が、山之城民平遺稿集『近世飫肥史稿』の中の「士族の移住の規《きまり》」に見る

ことができる。

「飫肥藩にあつても城下に群居しては生活の資《もとで》が乏しいので、郷村に移住せしむる方策を取った。而して之を実施するには資金を必要とするので之は藩の公金を使用する事とした。明治四年六月藩の穴倉《あなぐら》（今の予章館の下に在り）に蔵する金銀を点検する。

〔注〕穴倉《あなぐら》　地下室

一、右金壱万四千参百六拾九両壱分

一、右大判三十八枚

一、右銀弐貫百拾参匁七分五厘

を得た。其の各々の十分の一を伊東家に納め他は之を移住者に分割する事にした。又各村の田畑は凡て公有であったから此の土地を割り渡す事とした。之が為同年七月各郷の触頭《ふれがしら》を呼んで左の事を達した。

御一新以来は国体日進に赴き猶《なお》此上如何なる成行に移り変るも測り難く候へば、是迄通りにては活計も立兼へし且藩庁へ群居候ては産業の営《いとなみ》も不都合これあるへきに付、昨午年郷村居住等も勝手に願出候様申付置候へとも財本《もとで》無之候ては移住出来かたき訳もまれあるべきに付、今年中藩庁下四ヶ村楠原、星倉、板敷、吉野方より他村へ移住いたし候者へは分限《ぶげん》并《べ》に移住の場所遠近に応じ左の規を以て引移料手当申付、且移住の村にて田畠割渡申すへし。尤《もっとも》村方によりては田畠の多少もまれあり候に付、移住致度場所は前以て庶務方へ承り合せ願ひ出へく候・且又、移住の者、是迄所持の新田畠山林等売払度候ても急に買主これなく迷惑の輩は、相当の価を以て藩庁に買入遣し望の者これある節は、相当の価を以て売渡申すへし。
此旨篤と相心得移住致したき輩は早々願出へく候也

飫肥藩庁」

〔注〕分限弁《ぶげんべ》　身分に合わせる

藩庁四カ村士族卒平民移住手当金の規《きまり》

	士族	卒	平民
田　野	二五〇両	二〇〇両	一四〇両
八里以外	二三〇両	一八四両	一二八両
五里以外	二〇〇両	一六〇両	一一二両
三里以外	一五〇両	一二〇両	八四両
一里以外	一二〇両	九六両	六七両
一里以内	八〇両	六四両	四四両

武士の処遇

明治政府の目まぐるしい機構改革は日進月歩とはいえ武士の階級と給付には、途惑いと困惑を伴ったが、武士の処遇も帰農だけでなく、時代と共に近代的に改定されていった。

明治二年（一八六九）六月十七日には給人・上士・中小姓・中士・歩行・下士・土器・準士・足軽・卒を、明治三年には上士・中士・士族・下士以下を卒・平民とし、明治六年二月三日には足軽以下すべてを士族に編入した。禄は小人六十五石・中小姓六十五石以下十五石・歩行十三石以下二石・士器七石以下一石の間・足軽等階級ごとに給付も変転した。

行政改革では明治五年（一八七二）四月九日大区小区制度を施行し、区長など要職には士族・大庄屋・大年寄等を任命し、公職には武士を任用した。行政官は有給であったが、議員（任期六年）は、無報酬であった。報酬はすべて貨幣とされ、税も物納から金納に改められた。

武士の青少年は、軍役制度により、熊本鎮台陸軍・佐世保鎮守府海軍ほか、初年学校・士官学校の志願も一般も含め勧奨された。

【参考】明治初期と平成時代の貨幣と米価比較
（本邦主要経済統計による）

明治四年	平成二十七年
一両	七〇〇〇円
米一石 五円六三銭	一石は一五〇kg・一kgは三六〇円として 米一石は五万四〇〇〇円

飫肥藩武士の鈴嶽信仰

鈴嶽は飫肥城から西南西に位置し裏鬼門に当たることと、秋月藩との境域でもあり、山容の優美なこともあり、女鈴山頂に社祠を建立して、大山祇神を主祭神とする十二神をお祀りしてきた。

鈴嶽大明神は、神仏判然令によって、鈴嶽神社に改称され、間口二間奥行き三間の小社ではあったが新築された。

庶民となった武士もなお信仰篤く縁日旧三月十六日には、住民挙《こぞ》って参詣が盛んであった。

又毎月の十六日には各地区で山神祭《やまんかんまつ》りが昭和時代まで続いた。

又者中の信仰

飫肥藩陪臣又者中《またもんじゅう》の鈴嶽信仰は極めて厚く、麓《ふもと》武士又者中の奉献石塔は、飫肥城下《じょうか》本町又者中、板敷村中島田又者中、吉野方村永吉又者中、楠原村志戸野又者中、星倉村釈迦尾《しゃこがん》ヶ野又者中とあり、奉献年は、享保十九年、天明、寛政、弘化五年等が読みとれる。西暦では、一七三四年から一八四八年である（又者は藩士の家来で中級武士）。

〔注〕陪臣《ばいしん》 ①臣下の臣。また家来。②江戸時代、諸藩の大名に仕えていた者。将軍家のまた家来。(対)直参《じきさん》

女鈴山の山頂、標高七四一メートルの高嶺に、一人ずつしか登れない険しい山道を運び上げるのは大変な努力であったろう。その頃の武士達の崇敬心の高さを窺《うかが》い知ることが出来る。解体後は武士団としての鈴嶽信仰は無くなったが、住民としての鈴嶽信仰は衰退することはなかった。

四、鈴嶽信仰と山伏修験道

山伏宗の信仰

三部法印快永が、飫肥城の真正面に当たる愛宕《あたご》山に開設した愛宕山裕光寺を本山とする、山

伏宗深歳三峯院以下二十五カ院中八カ院を麓院と称して、飫肥城至近八方に配置した。

南方本町に矢野観応院、南東方前鶴に和田山月院、東方糺《ただす》に星野真如院、東北八幡北に鬼塚光明院、北方原之迫に稲沢正徳院、北西方西山に吉田中性院、西方永吉入口に山口近寿院、西南方諏訪《すわ》に古沢蓮光院を設営して、尚一層飫肥城の防衛を固めた山伏宗は、鈴嶽の他各所の難行苦行に挑み修行を重ね神霊を信奉した。

古沢蓮光院は、男鈴山山麓小布瀬滝祠堂を本拠として、西河内（酒谷村）を教区に鈴嶽の神を信仰した。星野真如院は、女鈴山麓堂面に峯入祠堂を建立して、東河内（塚田村大窪村）を教区に鈴嶽の神を信仰した。

飫肥藩の山伏宗

飫肥藩の山伏宗は、通説では二十五カ院三百名を下らなかったとあるが、明治元年三月二十八日の神仏判然令で、山伏は解体され、神主または僧侶などに転籍した。それでも明治二年十月朝廷への届出では、次のように記されている。

飫肥方　戸数　一〇五戸
　人口　五〇三人
　男　二五五人
　女　二四八人

清武方　戸数　三四戸
　人口　一四八人
　男　八〇人
　女　六八人

男山伏宗合計　三三五人

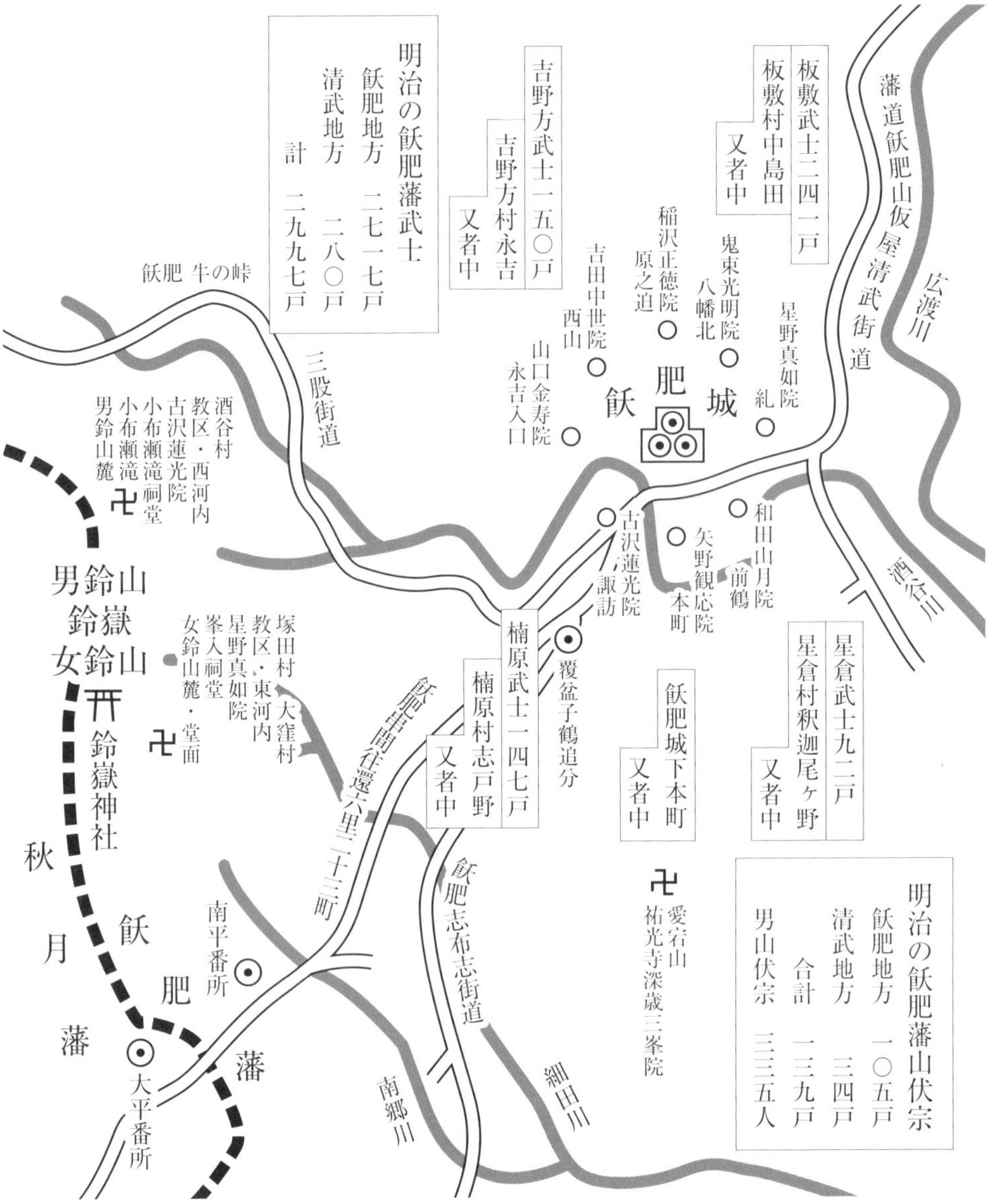

飫肥藩武士・山伏宗の配置図（飫肥藩の記録に基づき筆者作成）

串間方の山伏宗

古来鈴嶽は西北面の山容一層に険しく、赤池の神淵の他市木の滝山等々串間方面も山伏宗の修験場として好条件が揃っていた。

『串間市史』第四編近世の串間市第五節民間信仰に次のような記録がある。

「山伏宗は神道仏教の何れにもつかない特異な宗教である。「六か郷神社調」によると、滝山の飛竜三所権現、松清の熊野三所権現、本城仮谷方の熊野三所権現、郡元の愛宕山大権現はいずれも「座主」が山伏である。

彼らは厳しい山岳修行を経、そこで得た霊力によって病気を治すと信じられた。

また事実、山岳でとれる薬草を施すことによって実効もあげていたといわれる。」（後略）

この記録からして、串間にも各所に山伏宗が存在していたことを如実に表しているものと言える。

神仏判然令に依り解体され、山伏は全て僧侶又は神職へ転籍したものであろう。

五、石塔群

新石塔群

鈴嶽神社奉賛会は、古代からの神話・物語と歴史を後世に伝える為に篤志家の協力で石碑に刻記して、平成二十五年五月十七日と同三月七日、同三月三十日に建立した。

出資奉献者

金壱百万円也　第一、三柱　医療法人秀英会　理事長　英　保彦

金五十万円也　第二柱　鈴嶽神社奉賛会　会　長　長野　勇夫

副会長　黒原　正宏

金五十万円也　第四柱　総合保険代理店　松田　照久

石材奉献者　全四柱　宗教法人串間神社　宮司　岩下　國仁

石材は串間神社大鳥居の新調建替で、旧鳥居を縁起物として有難く拝領したもの。

彫刻施工　高橋石材興業有限会社　代表取締役　高橋　正直

立案企画撰文　松田　正照

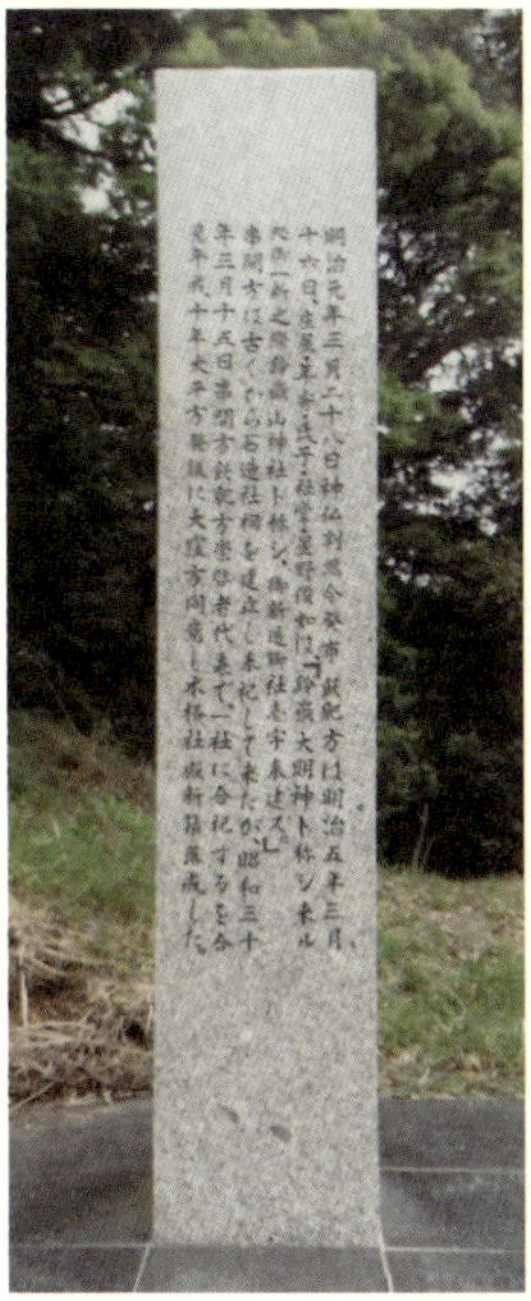

鈴嶽神社（第１柱 平成25年５月27日建立）

飫肥方・串間方二社を一社に合祀し、平成10年新築。明治以後を記録。

神仏判然令により大明神を神社に改称した。

鈴嶽神社の主祭神・副祭神、摂社神八柱、末社神二柱記。

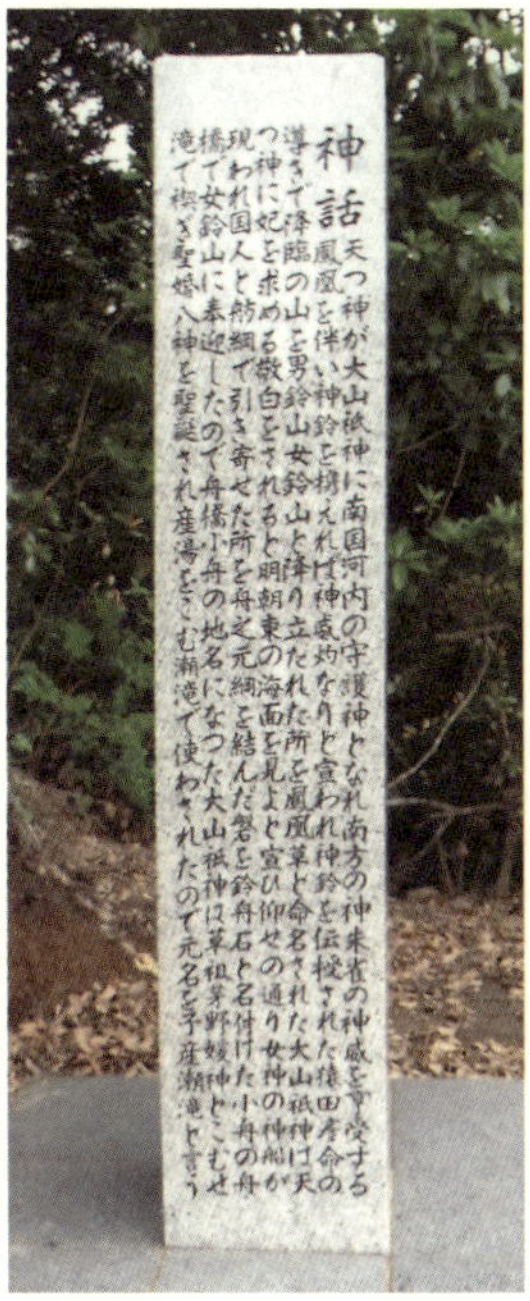

鈴嶽大山之神（第２柱 平成28年３月７日建立）

大山祗神天降りと
神婚小産瀬滝由来

開山奈良時代
山伏宗の信仰

山伏宗星野真如院
古沢蓮光院の伝記

鈴嶽大明神（第３柱 平成28年３月30日建立）

陪臣又者中の信仰　　飫肥藩時代武士の信仰　　丸目八郎伝（塚田八幡神社由来）

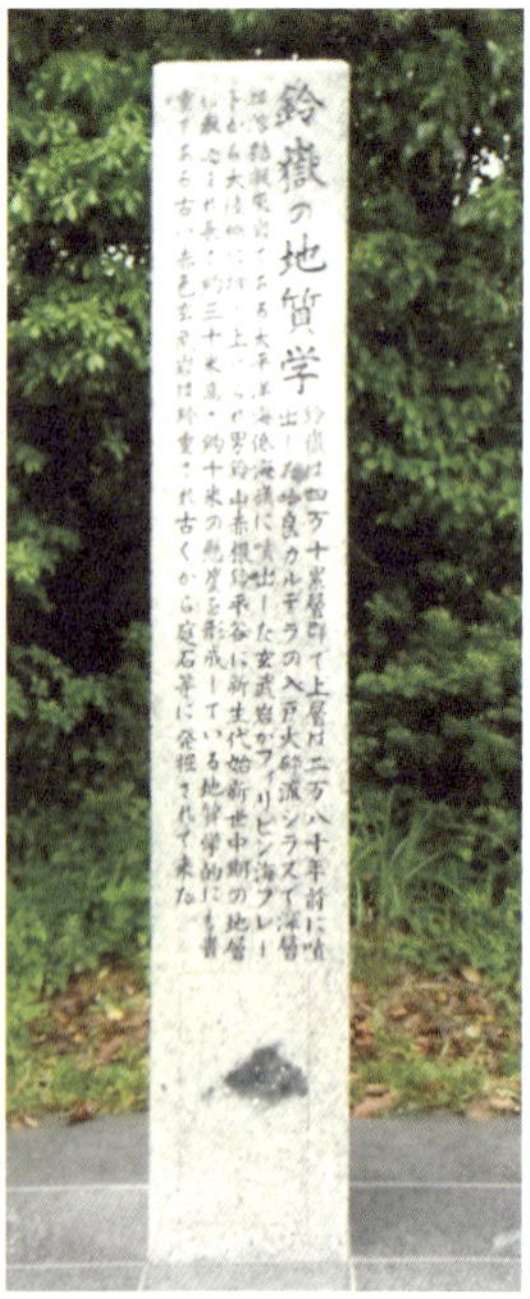

鈴嶽神社（第４柱 平成28年３月30日建立）

鈴嶽の玄武岩神話（酒造りの神 酒谷神社の由来）　　明治５年以後の飫肥方神社　　鈴嶽の地質学的成り立ち

奥は串間方の石祠。手前の２柱は大阪商人から寄進された鳥居の一部で暴徒により破損された残柱

高千穂庄佐藤久七奉献の石祠

旧石塔群

信仰のあかしとして、往時の面影を留める古い石塔群がある。

その中で、刻字の判読出来るものに本殿のご神体になっている石祠は、文化三年（一八〇六）延岡藩高千穂荘、佐藤久七、風野村中、加藤清兵衛、古屋弥吉、の奉献がある。又、延享二年（一七四五）大阪商人喜多屋茂助、同喜八、大平村風野、乙名加藤原作、の奉献もみごとなものである。

なお、飫肥藩の、飫肥城下本町又者中、板敷村中島

飫肥藩武士又者中が
寄進した石塔群

城下本町又者中

吉野方村永吉又者中

板敷村中島田又者中

楠原村志戸野又者中

星倉村釈迦尾ヶ野又者中

田又者中、吉野方村永吉又者中、楠原村志戸野又者中、星倉村釈迦尾ヶ野又者中、奉献石塔がある。

　この他数多くの古石塔が奉献されているが、奉献人の刻名等不明なものが多く割愛した。

第二章

日本書記古事記に視る鈴嶽の神神

（『日本の神様、読み解き辞典』
（川口謙二編著「古事記・日本書紀」収録）参考）

大山祇神《おおやまづみのかみ》

伊弉諾尊《いざなぎのみこと》と伊弉冉尊《いざなみのみこと》の御子で、山の神とされる。名義は偉大な山の神霊である。野の神である茅野媛神《かやぬひめのかみ》と聖婚して、土・霧・谷・峠の神を産んだと伝えられる。即ち、天之狭土神《あめのさづちのかみ》と国之狭土神《くにのさづちのかみ》・天之狭霧神《あめのさぎりのかみ》と国之狭霧神《くにのさぎりのかみ》・天之闇戸神《あめのくらとのかみ》と国之闇戸神《くにのくらとのかみ》・大戸《おおとま》惑子神《といこのかみ》と大戸惑女神《おおとまといめのかみ》の八神である。

山の精霊《しょうりょう》が神格化されたのは相当に古く、水源や田の稔りも支配するもので、水の神・田の神としても信仰されてきた。

この神は大山積《おおやまづみ》とも書き、私多志大神《わたしおおかみ》ともいわれる。大山祇とは大山に住む、即ち大山を司る神、山神である。また和多志大神の和多《わた》は綿津見《わたつみ》（海神《わたつみ》）のわたであり、海の意味であろう。従って、この神を祀る本源の神社、大山祇（大三島）神社の社伝では、山・海兼備の神であるとしている。

のちに、火の神から生まれた、山津見八神の名が出てくるところから考えると、山に住む神が各地にあり、それらの山の精霊《しょうりょう》を総支配した神として大山祇神があったものだろう。

また、狭名田《さなだ》の茂穂《しげほ》で天甜酒《あまのたむけざけ》を造り、天地の神々に捧供したという話もある。これを穀物から酒を造った始まりであるとして、大山祇神を酒解神《さけどきのかみ》と呼んで酒造りの祖神《そしん》としている。

また、武門の守護神として武士にも信奉され、特に水軍の崇敬《すうけい》は熱烈であった。

伊予国（愛媛県）大三島の大山祇神社は、全国からの崇敬が厚く、三島の名のつく各地の神社は、大山祇神社の神霊を勧請《かんじょう》したものである。

草祖茅野媛神《くさのおやかやぬひめのかみ》

伊弉諾尊・伊弉冉尊の夫婦神の御子で野の神、または草の神とされる。

山の神大山祇神に対し、野の神とし、二神は夫婦神《みょうとがみ》とされる。

又の名を野椎神《ぬづちのかみ》。野椎の椎《づち》は久久能智神《くくのちのかみ》の能智《ぬち》と同じく、茎を表し草を意味するといえよう。

またカヤは屋根を葺《ふ》く材料の萱《かや》・茅《かや》・苫《とま》・葦《あし》等の総称であり、茅萱は禾本科《かほんか》植物でも特に強《きょう》靭《じん》なものである。

本居宣長《もとおりのりなが》はカヤの語源について、「加夜《かや》は何れにもあれ、家葺かむ科の草をいふ名なり。茅といふ一種あるも、家ふくに主と用る故の名なり。さて、野神の御名に負い給へる故は、野の主とあるものは草にて、草の用は家葺くぞ主なり。故《こ》れ草の字はやがて加夜《かや》とも訓《よ》めり。上《かみ》つ代《よ》は、大御殿をはじめて、凡《すべ》て草以《も》って葺《ふ》きつればなり」と考察している。

稲作儀礼の一つで、関西では青祈祷《あおぎとう》、南関東では新箸《にいばし》の祝いと呼ばれる、萱や芒《ぼう》の青い茎で作った箸で特定の食物を食べて稲の無事成育を祈願する行事があるが、このような字義《じぎ》からも茅野媛神は野の守護神であるといえよう。

天之狭土神《あめのさづちのかみ》
国之狭土神《くにのさづちのかみ》

大山祇神・茅野媛神の二神より生まれた初めの神で、山野を持ち分けた神である。狭土《さづち》の狭《さ》は坂のことで、坂は境・逆《さか》と同語根の言葉であり、土は野の神である母神・野椎神《ぬづちのかみ》の椎《づち》と同じである。総じてこの二神は土徳《どとく》を有し、坂路を司る神である。天と国とは対語であり、男女陰陽と同じ考え方から出たものでこの二神は対偶神《たいぐうしん》であろう。

天之狭霧神《あめのさぎりのかみ》
国之狭霧神《くにのさぎりのかみ》

大山祇神・茅野媛神の二神より生まれた二番目の神で、山野を持ち分けた神である。狭霧《さぎり》の霧《きり》は普通の意味の霧ではなく坂を登り詰めた所、即ち境の意であり、境は坂合い、詰《つま》り二つの坂の出合った場所を意味する。従ってこの二神は境とか峠を守る神と言える。天と国とは対語《ついご》であり、男女陰陽と同じで、対をなす神と言えよう。

天之闇戸神《あめのくらとのかみ》
国之闇戸神《くにのくらとのかみ》

大山祇神・茅野媛神の二神から生まれた三番目の神で、山野を持ち分けた神である。

神名の闇戸《くらと》とは闇《くら》い所のことで、陽の射さない谷間を表し、戸《と》は門でもあるので、谷または谷の入り口を守る神といえる。

この二神は対偶神で、共に道路を守る神として尊崇《そんすう》される。

大戸惑子神《おおとまといこのかみ》
大戸惑女神《おおとまといめのかみ》

大山祇神・茅野媛神の二神から生まれた四番目の神で、山野を持ち分けた神である。

この戸惑《とまどい》のトマトはタヲマリドの詰まったもので、山のたわんだ低い所を指すので、この神は山の傾斜面に居る神で、谷及び山の傾斜面を守護する神とされる。また、谷に流れ落ちる水をまとめて用水とし、また海に運ぶのを司る神ともされる。

この神だけが子と女の男女の神名が付けられているが、他の天・国の語も男女を表したもので夫婦神といえよう。

猿田彦大神《さるたひこのみこと》

天孫降臨《てんそんこうりん》に関する神々の一柱である。

古事記上巻の中に、天照大神から天津瓊瓊杵尊《あまつににぎのみこと》は日本に降《お》り始めよと命ぜられ、日向の高千穂の嶺に降りられた、天孫降臨《てんそんこうりん》の条《くだり》に次のように述べられている。

天の八衢《やちまた》について、上は高天原《たかまがはら》を照し、下は豊葦原《とよあしはら》の中つ国を照す神がいるのが見えた。天孫・瓊瓊杵尊《ににぎのみこと》が、これから中つ国へ降臨される道筋に立ち塞《ふさ》がっている者は誰かと聞いてこいと天宇受売命《あめのうずめのみこと》に宣《のたま》った。天宇受売命は、光を放ち立ち塞がっている神に大神の言葉を告げると、自分は国津神、名は猿田彦と言い、此処に居るのは、天孫の降臨を聞き伝えたので御先導申し上げようと、此処まで罷出《まかりで》てお待ち申し上げているのです、と答えた。猿田彦大神の先導で無事高千穂の嶺へ下りることが出来た。と記されている。

猿田彦命の特徴《とくちょう》は鼻の長さは七咫《あた》（咫は上代に於ける長さの単位。手のひらの下端から中指の先端までの長さ。もしくは親指と中指を開いた長さ）で、口尻明るく、眼は八咫鏡《やたのかがみ》の如く真赤《まっか》に光り輝き酸漿《ほおずき》に似たり、顔は真赤な大神であった。

各神社の祭礼で、神輿《みこし》で渡御《とぎょ》の際その先導をする、鼻高・赤面《あかめん》を付けた神がいるが、是《これ》は以上の古事によるもので、猿田彦大神を嚮導《きょうどう》（道案内）の神としている信仰から由来《ゆらい》している。

猿田彦大神を祀る神社は全国各地にあるが塞《そ》の神・道祖神・天狗・比良明神に置き換えられ

祀られているものもある。後述する伊勢の猿田彦神社が総本社とされている。

天宇受売命《あめのうずめのみこと》（後の猿女君《さるめのきみ》）

古事記には、「天岩戸の前で、天香山《あまのかぐやま》の小竹葉《ささば》を手草《たぐさ》に結《ゆ》いて、天の岩屋戸に汗気《うけ》（空槽《からおけ》）伏せて踏み登杼呂許志《とどろかし》（轟《とどろ》かし）神懸《かみがかり》為して、胸乳を掛《か》き出《い》で、裳紐《もひも》を番登《ほと》（女陰）に忍《しの》ばし垂《た》れき。爾高天原動《かれたかまがはらゆす》りて、八百万の神共に咲《わら》（笑）いき」と記されている。

文意は槽を伏せた上で踊り、神懸《かみがかり》ながら乳房を出し、次いで紐を解き、衣を下げて女陰を顕《あらわ》に出したので、神々は大笑いしたということにある。この所作は神楽舞の起源といえるだろう。

「日本書紀」では天鈿女命と呼ばれ、猿女君の遠祖《とおつおや》とあり、天窟戸の前に立ちて巧みに俳優《わざおぎ》を作し、とも記されている。

また、天孫降臨に際しては五部神の一柱として従い、出迎えた国津神・猿田彦大神と談合し、神婚した。のちに子孫を猿女と称し、神楽・伎芸などの祖神と仰がれたと記されている神である。

「古事記」では、無事先導役を務めた猿田彦大神の功を賞《め》で、語《かた》らいに立った天宇受売命に居所《きょしょ》まで送れと命じて同道させ、その上で猿田彦の名と同じく猿の字が付く猿女君と名乗れとも命じているので、両者は神婚したのだろう。

「猿田彦大神と天宇受売命」

伊勢の猿田彦神社は、全国の猿田彦神社の総祖神である。

猿田彦大神は、ものごとの、最初にご出現になり、万事を最も善い方に「おみちびき」になる大神とされる。

古事記・日本書紀に「国初めの砌《みぎり》、天孫をこの国土に御啓行《おみちひらき》になられた」と伝えられる。

そして、猿田彦大神は、天孫をおみちびきの後、国土の開拓を指導され、諸国を巡歴されたとある。大神のご神徳は方位・地祭・土地開発・開業・災除・家業繁栄・交通安全・病気平癒・開運等霊験灼《あらたか》であるとして崇敬厚く、全国各地に祀られている。

伊勢の本殿は、二重破風《はふ》の妻入造りで「さだひこ造」と称し、特殊な建築美を誇っている。

伊勢の佐瑠女神社は、猿田彦神社の副社で天宇受売命をお祀りする、全国の祖神である。

古事記・日本書紀に記されている、天宇受売命・天鈿女命・佐瑠女君・猿女君・媛女君は異名同神とされる。

天孫降臨の際に、猿田彦大神と最初に対面され、猿田彦大神が御啓行の後は、詔《みことのり》によりともに伊勢に来られ、功により猿女君《さるめのきみ》の称号を受けられ、猿田彦大神と神婚されたとある。

猿田彦神社と佐瑠女神社は共に、地祭・方位の総社として崇敬が厚い。

拝殿正面の中央に、方角を刻んだ八角石柱がある。

本殿の堅魚木・欄干・大鳥居・手水舎《ちょうずしゃ》の柱・佐瑠女神社神殿すべて八角である。八角は方位を意味し、方位除のご神徳を仰ぐことを表している。

猿田彦大神　拝殿正面（伊勢・猿田彦神社提供）

主神　猿田彦大神
相殿　大田命

猿田彦大神は、ものごとの最初に御出現になり万事最も善い方へ〝おみちびき〟になる大神で、古事記、日本書紀などにも「国初の砌《みぎ》り天孫《てんそん》をこの国土に御啓《みちひら》行《き》になられた」と伝えられています。

大神は天孫をおみちびきの後、伊勢の地を本拠として国土の開拓を指導され、垂仁天皇の御代に皇女倭姫命が神宮鎮座の地を求めて諸国を巡歴されたとき、大神が御裔《みすえ》の大田命《おおたのみこと》が祖神、猿田彦大神と同じく御先導され、五十鈴川の川上一帯の霊地を御献上、伊勢の神宮の御創建に尽くされました。

大神の子孫は宇治土公《うじのつちぎみ》と称し、以来、永く玉串大内《たまくしおおうち》人《んど》という特殊な職掌に任ぜられ、伊勢の神宮に奉仕してきました。大神の御神徳を仰ぐ崇敬者は全国に広く、方位除、地祭、土地開発、開業、災除、家業繁栄、交通安全、病気平癒、開運などの御祈禱が連日行われています。

本殿は二重破風の妻入造りで〝さだひこ造り〟と称し特殊な建築美を誇り、祝詞殿《のりとでん》は優雅な平安時代をしのぶ寝殿造りであります。

（伊勢・猿田彦神社提供）

祭神　天宇受売命《あめのうずめのみこと》

天照御大神が天岩窟《あめのいわや》にこもられたときに神楽《かぐら》をされ、大御神再び現れて平和な世を迎えられたと伝えられます。天孫降臨《てんそんこうりん》の際は猿田彦大神と最初に対面、大神が御啓行《みちひらき》の後は詔《みことのり》によりともに伊勢に来られ、功により〝媛女君《さるめのきみ》〟の称号を受けられました。

俳優《わざおぎ》、神楽、伎芸、鎮魂の祖神《おやがみ》と仰がれます。

佐瑠女神社本殿（伊勢・猿田彦神社提供）

方位石

地祭、方位除の総社として全国から崇敬者の参拝が絶えない、拝殿正面の中央に昔の神殿跡を印し、方角を刻んだ八角石柱があります。本殿の堅魚木《かつおぎ》、欄干をはじめ、佐瑠女神社拝殿、大鳥居、手水舎の柱等すべて八角です。八角は方位を意味し方位除の御神徳を仰ぐ当神社にちなんだものです。

方位石（伊勢・猿田彦神社提供）

第三章　鈴嶽神社の古代物語

副祭神　草祖茅野媛神（くさのおやかやぬひめのかみ）

主祭神　大山祇神（おおやまづみのかみ）

神　話

日本各地にはその土地土地に数多くの神話があり、それはまた、その地方の歴史ともなっている。

古事記（七一二）、日本書紀（七二〇）はその基調となるもので、日本歴史の根源とも言える。日向の国は皇祖発祥の地として、その神話は日本の国の歴史始まって以来二千数百年も生き続けている。

古代大八洲《おおやしま》の山々には大山祇神が遍《あまね》く天降《あも》り賜うたとある。

伊予大三島鎮座の大山祇神社が全国総本社で本縁は一万三二六社とされるが、大山祇神を奉祀する神社はこの限りではない。

宮崎名山百選に推挙された夫婦山鈴嶽には、大山祇神とその妃草祖茅野媛神、御子八神に纏《まつ》わる神話が語り継がれて地方の歴史となり、れっきとした地名となっている。

天つ神の信託

天つ神から大山祇神に、託宣があった。日向の南に河内の国がある、往きて守護神《まもりがみ》となられよ。

気候穏和《おんわ》で地味沃饒《よくじょう》なれば繁栄極《きわま》りなし、河内に降《くだ》るには、南方の守護神朱雀《しゅじゃく》の神威《しんい》を享受《きょうじゅ》する鳳凰《ほうおう》を伴《ともな》うがよい、霊験灼《れいげんあらたか》ならんと仰せ賜うた。

尚も河内の国の鎮魂魔祓に鈴を有《も》つがよい、願望起こらば神鈴《みすず》を打ち鳴らせ、願いは必ずや叶うと宣《のたま》われて、神鈴（銅鐸《どうたく》）を神授され賜うた。

御神鈴銅鐸

鈴は銅鐸《どうたく》に始まる。銅鐸は青銅で造られた筒形の中に舌《ぜつ》と呼ばれる棒をつるし、全体を揺《ゆ》らして鳴らしたとされる。

新しい青銅は金銅色に輝く妖光《ようこう》を放ち、心底に響く不思議な金属音は神秘的で神霊《しんれい》に通じ悪《あく》霊《りょう》を祓《はら》うものと信じるようになり、儀式の重要器物となった。

時代と共に信仰の対象として用いられ鐘《かね》、鈴等種々変化して宗教に欠くことの出来ない祭器となった。

聖地には鈴の名がみられ、伊勢神宮を鈴の宮と呼び神宮の御手洗川を五十鈴川というのもその一例である。鈴嶽もさきに延べた信仰心から男鈴山・女鈴山合わせて鈴嶽と名付けたのは理の通りである。

御天降り

大山祇神は、天つ神のご神託《しんたく》を奉じ随神《ずいしん》一行を引き連れ神鈴《みすず》を携《たずさ》え、鳳凰《ほうおう》を伴《ともな》い、天《あめ》の八重雲を押し開きて、ひむかの河内に向かわれた。道すがら天の辻に差し掛かった時、天宇受売命《あめのうずめのみこと》に、ひむかに行く道は如何に、と問い給うた。あめのうずめのみことは、中つ国に詳《くわ》しい猿田彦大神に案内《あんない》させますと答えられた。

さるたひこのみことの御響導《ごきょうどう》の渡御《とぎょ》先で、凸《つ》き出たみねと凹《くぼ》んだ峯の峯続きの山容が見えてきた。おおやまづみのかみが、あの山の突き立つ峯と窪んだ峯は夫婦山のようでなかなかよい山だ、あそこに降《お》りるとしようと仰せられ、鳳凰と共に天降《あも》りなされた。

その降《お》り立たられたところを、鳳凰の名をとり、鳳凰草、凸峯を男鈴山、凹峯を女鈴山と名付けられたことから今日の地名となったとされる。

このことから鈴嶽夫婦山は河内近郷の人々に、夫婦富士といって夫婦和合の山《やま》として敬われてきた。

鳳　凰

鳳は雄、凰は雌のおおとり、鶴のような姿で立派なとさかをもち五色のあや（きらきらとはなやかで美しいいろどり）があり、鳴けば五音（人間の言）に中《あた》る（通じる）といい、梧桐《あおぎり》の森に住み、竹実を食い醴泉《れいせん》（神酒＝あまざけ）を飲むという想像上の霊鳥で、鳥の王。徳の高い天子が世に出たとき至徳（最高の徳）の瑞感（めでたい感応）として現れるという。

神の乗り物を御輿というが、天子の乗り物には輿の屋根に鳳凰を取り付け鳳輦《ほうれん》という。宮崎神宮の祭神は神武天皇であるから鳳輦というのは一例である。

鳳　凰
（宮内庁三の丸尚蔵館所蔵「老松白鳳図」）
（画：つじのぶお・名古屋市生まれ）

朱　雀

星宿を動物に見立てる中国古代の思想に由来する四獣の一つで、天の四方の方角をつかさど

上／キトラ古墳石室復元図（奈良文化財研究所提供）
下／中国の想像上の霊鳥・朱雀

る神。

東の青竜、西の白虎、南の朱雀、北の玄武を壁画にした古墳が、奈良県飛鳥村に飛鳥古墳、明香村高松塚キトラ古墳として存在し、国家的にも貴重なものである。中でもキトラ古墳の四神獣は破損も少なく、目下その筋合で修復保存されている。

鳳凰草

鳳凰は天子が世に出現される最高に目出度い徴候《ちょうこう》（しるし）として現れる霊鳥という。鈴嶽の神大山祇神天降りされご鎮座されたことが大変目出度いことであることから、鳳凰草の地名となった。

草《そう》は、草来《そうらい》（よのはじめ）事をはじめるの意で、大山祇神が河内の国始めをされたことに由来する。

「草」の類語に、草創期《そうそうき》（はじめてつくるとき）、草案（文章のしたがき）、草稿（文章の書き初め）、起草《きそう》（ことをはじめる）、草分け《くさ》（物事を起こす）などがある。

願　望

天つ国から、大山祇神が天降りされたので、河内の国人は総出で奉迎した。出迎えを受けられた大山祇神は、国人達に我は河内の国を守護する鈴嶽の神大山祇神である、と告げられた。河内の国人一同は護神《まもりがみ》が天降りされたので、大変有難く恐れ入ったという。

鈴嶽の神は国人と共に日々息災で安泰にあらせられたが、お妃《きさき》のないことに大変に心身をお痛めであった。

随神《ずいしん》に、妃を求めるには如何にすべきかと、問い給うた。「天つ神のおおせに、願望があれば、神鈴を鳴らせと仰せられましたので、神鈴を打ち鳴らされては如何でしょう」と随神が申しあげた。鈴嶽の神は、心得《こころえ》たとすぐさま鈴嶽の峯から、「八百万神《やおよろずのかみ》、我に妃をさずけたまえ」と祈りをこめて、力強く神鈴を打ち鳴らされた。神鈴の音は天地に響き渡り八百万神に伝わったという。

このことから、「鐘や鈴の音」は、神仏に通ずるとの信仰が起こり、社寺・仏閣に参拝のとき、鐘の緒《お》を持って振り鳴らしたり、仏前で「りん」を打ち鳴らすなどの習わしとなった。

御妃出御《しゅつぎょ》

その夜、鈴嶽の神の枕元に、天つ神が現れ、明朝東《あずま》の海面《うなも》を見よとのお告げがあった。鈴嶽の神は翌朝、天つ神の仰せのとおり東の海面を遠望されたところ、波静かな海洋に旭光射し昇りし時、見事に装飾した一艘の神船《みふね》が現れた。

鈴嶽の神が小手を翳《かざ》し目《まなこ》をこらして、見詰《みつめ》られれば、神船の神輿《みこし》に目にも麗《うるわ》しき女神の座乗される神姿《みすがた》がみえた。鈴嶽の神はこの女神こそ我が妃ならんと、心躍《おど》る思いで早う参られよ早う参られよと、諸手を打ち振り招きに招かれるが船足は一向に速《はや》からず、気は逸《はや》るばかり。鈴嶽の神は随神に船足を速める術《すべ》があるかとまたもや問われた。随神があの船の舫綱《もやいづな》を引っ張りましょうと申しあげれば、おおそうだと鈴嶽の神は神船に向かいて、その船の舫綱をこの方に投げ給えと大声で呼ばわりければ、神船の水夫《かこ》は心得ましたと大綱を鈴嶽目掛けて高々と投げ放った。綱はヒュル、ヒュルと天空を舞って、鈴嶽峯へと到達した。鈴嶽の神は綱をばハッシと受け止めて、随神をはじめ国人達と、あらん限りの力をもって、エイヤ、エイヤと引き寄せれば、船はスル、スルと海面を滑るが如く、鈴嶽の麓に進み来たり。

鈴嶽の神はよくやった、でかしたと、大いに喜ばれ、男鈴山の麓の入江の元に船を留め、あの大岩に舫綱を結《ゆわ》えよと申された。国人達は入江の元に船を留めて大岩に舫綱を二重三重に巻き結んだ。このことから、船を留めたところを「舟之元」、舫綱を巻き結んだ大岩を「鈴舟岩」と名付け今日の地名となっている。

御妃奉迎

鈴嶽の神は、女鈴山の社まではほど遠い、小舟を出し舟橋で、女鈴山の麓まで奉迎致せと仰せられた。国人達は早速《さっそく》小舟を繰《く》り出し、舟之元から女鈴山の麓まで舟橋を組んで、女神を護《お》送《おく》り申しあげ無事女鈴山の麓に降り立たれた。降り立たれたところを「降山《さがり》」、小舟を出したところを「小舟」、舟橋を組んだことから「舟橋」というようになって今日の地名になった。

鈴嶽の神は女神の到着《おつき》を待ち焦《こ》がれておられてご到着になると、大変お待ち申しあげておりましたと、女神の神手《みて》をとられて社《やしろ》に迎え入れられた。鈴嶽の神は、女神に向かいて、お神の名はなんと申されるかと問われた。女神は、わたしは草祖茅野媛神《くさのおやかやぬひめのかみ》と申しますとお応《こた》えたもうた。

尚も女神の申さるに、昨夜天つ神からお告げがあり、河内の国に、山の神が妃を求められておられる、お神は行きて伴侶《はんりょ》となられよと申されたので、まかり出ました、とのたまわれた。

御聖婚

鈴嶽の神と茅野媛神《かやぬひめのかみ》との逢染《あいぞ》めで、すばらしい女神が妃《きさき》となられたので、河内の国人達は大変に喜び、国中狂喜の渦《うず》が沸《わ》き起こり、国人達は挙《こぞ》ってお祝い申しあげた。鈴嶽神と茅野媛神《かやぬひめのかみ》は、こぶせ滝で禊《みそぎ》を済まされ、身を清められた後に国中の神々を招請《しょうせい》して、河内の国人と共に聖婚の儀式を厳粛盛大に挙行なされた。その賑《にぎ》わいは、天つ国にも届いたという。なかでもさるめのきみの演舞は、鈴を振り鳴らし、裳紐《もひも》を解《と》きほどき、胸乳を掻《か》き出し、番登《ほと》（女陰《にょいん》）を顕《あら》わにして舞い踊られ、祝祭は、最絶頂に達したとのことである。

この日が旧暦三月十六日であったので、以後鈴嶽神社の縁日として、旧暦三月十五日を前夜祭、十六日を本祭として、厳かなお祭りが継承されている。

山に拘《かかわ》る植林・山仕事・山商買・狩猟家の外、農業者全ての人々が月の十六日を山神祭《やまんかんまつり》の日と定めて、神祭《かんまつり》を行うようになったのは、この鈴嶽の縁日に基づくものと言われている。

御八柱の神々の生誕

鈴嶽の神「おおやまづみのかみ」と「くさのおやかやぬひめのかみ」は、やがて八柱の夫婦神を誕生遊ばされた。

御子神の誕生には、鈴嶽の清流こむせ滝で産湯《うぶゆ》を使わされたと伝えられる。

このことから、子産瀬川《こむせ》・子産瀬滝《こむせ》の名が起こり、子産《こむ》瀬滝は、子授けと安産の神として信仰されるようになった。

御子神八柱の夫婦神

男神		女神
あめのさづちのかみ	＝	くにのさづちのかみ
あめのさぎりのかみ	＝	くにのさぎりのかみ
あめのくらとのかみ	＝	くにのくらとのかみ
おおとまといこのかみ	＝	おおとまといめのかみ

子産瀬滝

第四章　草祖茅野媛神《くさのおやかやぬひめのかみ》神徳

草祖茅野媛神《くさのおやかやぬひめのかみ》の神徳

鈴嶽神社の副祭神草祖茅野媛神《くさのおやかやぬひめのかみ》は、大八洲《おおやしま》（日本国）の国中に茅草を植え給うた。茅は古代より家を葺き人命を守る重要な草本であるとのことから、殊更に神聖なものであり大切なものとされた。

かやぬひめのかみは、天降《あも》りの際にたくさんの草の種実《たね》を持って降りてこられて

「大八洲《おおやしま》　八千草植えむ　民草《たみくさ》の
　家居葺《いえふ》かむなり　草原繁む」

と宣《のた》まわれたとある。

茅草と国民《くにたみ》

竪穴住居時代から近代まで、家葺《いえふき》の屋根や壁の材料に茅を用いて、快適な住居を造ってきた。茅萱《ちがや》で造った萱筵《かやむしろ》を敷物にしたり、穀物などを干すのに使ったり、内壁に張った。茅萱を巧妙に編みこんで、雨蓑《あまみの》を造り、雨露《あまつゆ》を凌《しの》ぎ、荒編みした日蓑《みの》や、編笠《あみがさ》をつくり日差しを遮《さえぎ》るの

に用いた。また、アシ・ヨシで、すだれを組んで日除けにした。俵萱《だつがや》は高芒《たかすすき》で編んだ丈夫な俵で、木炭や荒物入れに重宝であった。

茅野媛神《かやぬひめのかみ》のご神徳で、大八洲の国民は茅屋根《かややね》の下で安住し、神の御稜威《みいつ》に畏《おそれ》入ったという。

茅《ちがや》は、河内地方では「まかや」という。幼花穂は茅花《つばな》といって、子供が食べる。根は茅根《ぼうこん》といい利尿薬である。根茎は甘くて飢饉《ききん》食になる。

茅は屋根を葺く主たる草本であり、萱《かや》・薄《すすき》・芒《すすき》・葦《あし》・苫《とま》等の総称でもある。

税と茅筵《かやむしろ》

古代から、税の主たるものは穀類であったが、絹布・麻布・紙布《しふ》・陶器・民芸品まで多種多様あり、労役も税として取り扱われた。

山間では茅筵《かやむしろ》も税として、容認されていた。茅筵は、床の敷物であり、壁の張物にも使用していた。近世まで、庶民の畳表は茅表《かやおもて》であった。

茅筵は、萱の葉鞘《ようしょう》を刈り取り中骨を抜いて、池沼に一週間程度浸漬してアクを抜いたものを編みまたは織りあげて作る。

飫肥藩の松浦家文書・論山万覚書に、高鍋藩中之別府村《なかんびゅ》古内村《ふるち》（現大東大平東河内）と飫肥藩との遣《や》り取りの説話の記録がある。

論山万覚書（松浦家文書）によると、木山・はせを山・瀬戸之谷山・小黒木山・大黒木山の五山（いずれも飫肥藩領）は高鍋藩領中之別府村と古内村（奈留村のうち中別府と古大内か、現串間市）の百姓たちが薪取《まきとり》山として利用し、また五山の向かいの寄野では茅干草《かやひくさ》を切り取っていた。このため中之別府村の百姓は薪の切り出しに対する運上として、茅筵を飫肥藩に納めていたが（うち一部は行司衆に）、非公式な慣例であったため、延宝三年（一六七五）通水の主取安田彦左衛門が証文の取り交わしを求めた。これに対して高鍋藩の福島代官関庄左衛門は高鍋藩領民の飫肥藩領山々への出入りを禁じている。

茅《ち》の輪《わ》の神事

草祖茅野媛神の神徳を崇《あが》め奉拝する神事に茅《ち》の輪神事があり、伝統として今日まで全国各地で催《もよお》されてきた。

茅《ち》の輪は、竹の輪を造り輪全体に茅萱《ちがや》を編みつけて作る。麻は、神麻《かみお》とされ、魔除けに茅の輪の上部に、生麻《なまあさ》を二本取り付けたものであったが、昭和二十二年麻の栽培が許可制になったことから栽培地が少なくなり、使わなくなった。

茅の輪くぐり祭は、各地の神社で、正月と水無月《みなづき》（六月）の大祓《はらい》に賑やかに催される主要な行事であったが、近年では極めて少なくなった。河内の国の近郷では、宮崎神宮（宮崎市）・神柱宮（都城市）・鵜戸神宮（日南市）・串間神社（串間市）・赤池神社（国富町）・霧島神社（日南市目井津）等に伝承されている。近年、都農町の都農神社（一の宮）も復活された。

串間神社（串間市）

宮崎神宮（宮崎市）

赤池神社（国富町）

神柱宮（都城市）

霧島神社（日南市目井津）

鵜戸神宮（日南市）

釈日本紀

伊弉諾尊《いざなぎのみこと》と伊弉冉尊《いざなみのみこと》の第三子神、素戔嗚尊《すさのおのみこと》の弱者哀れみの御心を伝える神話の、茅の輪神事もある。茅の輪をくぐり越えて、罪穢《つみけが》れを除き、心身の清浄ならん事を祈願する祭りで、その起源については、釈日本紀に見える。

神武の昔、素戔嗚尊（別名、建速須佐之男命《たけはやすさのおのみこと》）が南海におもむかれたとき、兄、蘇民将来と弟、巨旦将来の兄弟に宿を求められたが、弟は裕福であるのにお泊まりを拒《こば》んだ。兄は貧乏であったが、粟《あわ》の葉柄を用いて、粗末であるが玉座《ぎょくざ》を設け、粟飯を饗《きょう》しておもてなしをした。そのとき尊が、悪疫が流行したときは、茅を以て輪をつくり、腰につけておれば、疫癘《えきれい》（疫病）から免《まぬが》れるであろうと教え給うた。

のちに疫病がはやり災禍《さいか》にあったが、尊の教えの通り茅の輪をつけた者は禍《わざわ》いから免《まぬが》れることが出来た、との故事に基づくといわれる（このことから、魔除けとして、玄関口に「蘇民将来」のお札を貼りつける風習もある）。

茅《ち》の輪《わ》の御利益《ごりやく》

茅は「ち」と読め、乳・稚・智・知・治の共通語から、草の祖神《おやがみ》のご神徳で、乳の出がよくなり、稚子の育ちが健《すこ》やかで、知恵が発達し、知識が豊かになり、輪は圓《わ》・和に通じ和を以て貴しとの意味合いから、全てが円満に治まり、幸福になる、との信仰があり、茅の輪の神事が今日まで伝授されてきたという。

正月の大祓《おおばらい》

正月は年神《としかみ》（五穀を守る神）を迎え、新年の豊穣を祈願する月である。

正月行事の数ある中で、年神祭《としがみまつり》は非常に重大な儀式であり、しっかりと年神をお迎えしないと、その年は不幸になるという謂《いわれ》がある。初詣・三社参りもその意味合いからである。

正月の茅の輪くぐりも、野の神（農耕の神）のご利益《りやく》にあずかり、一年の無事と幸福を祈ることにある。

六月（水無月《みなづき》）の大祓

みなづきには諸説あるが、大言海は田水之月の略としており、広辞苑は水の月で水を田に注ぎ入れる月の意としている。国語辞典も水の月田に水を引く必要のある月の意としている。

六月は田植えの季節で、農業で最も水を必要とする大事なときである。

農業は人類の生命の根源であることから、山の神を里にお招きして、水無月の大祓いをすることがはじまり、人々は神々のご神徳にあやかろうと、神社に参詣をして、茅の輪くぐりをする習わしとなったのである。

茅《ち》の輪《わ》くぐりの作法

茅の輪くぐりは、輪の正面で神殿に向かって一礼して、茅の輪の正面真ん中を通り抜け左廻りに廻って、再び正面からくぐり抜け、右廻りに廻って、もう一度正面から左廻りにくぐって、正面からくぐり抜け拝殿に進み拝礼する。

三回繰り返す意味合いは、三は奇数・即ち陽数で目出度い数であり縁起がよいとされている。

呪《じゅ》文《もん》

茅の輪をくぐるとき呪文を唱える。呪文は神のお授けをいただくお祈りとして、となえることばである。茅の輪くぐりに、呪文を唱えながらくぐると尚一層ご利益があるといわれる。

正月祓いの呪文

八千草を　植えにし賜う　茅神《かやかみ》の
御稜威《みいつ》は永遠《とわ》に　においぬるかな

【注釈】
匂い ――美しく照り映える。美しく気品がある。
艶があって美しい。良い香り。

初春の　祓い受くるは　万世《よろずよ》の
福と幸い　寄《よ》るというなり

六月（水無月）祓いの呪文

思うこと　皆尽きぬとて　麻の葉を
きりにきりても　祓いつるかな

水無月の　夏越祓《なつこしはら》い　する人は
千歳の命　延ぶというなり

【注釈】
思うこと――神に祈って、災禍や穢れを除き去ることを願うこと。
皆尽きぬとて――限りない。際限が無い。
麻の葉を――麻は「お」と読む。魔祓いの神具に用いる。注連縄に使って、神の領域を示す。結界ともいう。
きりにきりても――伐る。魔神魔物を征伐・誅伐・討伐する。
祓いつるかな――神に祈って、災いを祓い給う。

注連縄《しめなわ》

神事には必ず注連縄を張る。注連縄は神域《しんいき》（結界）を表すもので、麻の太縄に麻の子縒縄《こよりなわ》または精麻《せいま》を釣り下げるのが基本であるが、近年では、藁縄《わらなわ》が用いられ、紙のしを吊るすのが一般的となっている。藁は米を生む幹であることから尊いものとされる、最近になっては格式の高い神社などは本格派の麻注連縄を復活し奉献しているところも多くなっている。

童の茅花《つばな》遊戯

草祖茅野姫神《くさのおやかやぬひめのかみ》は、童にも楽しい遊戯《ゆうぎ》を賜ったのである。

茅花餅《つばなもち》

茅《かや》の幼穂花《ようすいか》の未だ穂を出さない、穂孕《ほばら》みの時に抜き取って、白黄色の茅花《つばな》を左手の掌《てのひら》に渦巻きにのせて、右の手のひらで餅になれ餅になれと数回強く打って、甘い汁が滲《にじ》み出たものを食べる遊びを、茅花餅《つばなもち》遊びといって、自然の恵みを食べオヤツにする。子供たちの楽しい遊びが古くから伝わっている。

茅花倒し《つばなたお》

茅花《つばな》を摘《つ》み取るとき、大きくて長いものを見つけて、茅花倒《つばなたお》しの矢にする。

茅花を沢山摘み取ったら、皆で広場に集まって、茅花倒しをして遊ぶ。それぞれ摘んできた茅花を、数本ずつ同じ数を出し合って、山形に立て掛けて、茅花山をつくる。それを目掛けて、踏み切り線から茅花山に茅花矢を真直《まっすぐ》に突き刺すように、ジャンケンをして順番を決めて、投げつけるのである。茅花山が崩れたら、倒した矢の持ち主が崩した茅花山全部を貰う。次にまた同数の茅花を出し合って茅花山をつくって繰り返し続けて遊ぶのである。

踏み切り線は、幼い子供には近く、大きい子供には遠く設定して、幼い子供には倒しやすいようにしたり、幼い子供が倒せないときは何回でも続けて倒れるまで遊ばせたり、みんなでいたわり合いながら、楽しく遊ぶ習わしが伝えられている。

草祖茅野姫の牛馬へのご神徳

牛馬によらず、草食の動物は等しく、茅草《かやくさ》によって生命を保っている。

我が国の農村は近年まで、農耕・運搬等々人間と共に労苦を共にしていたことから、牛馬をば家族同様に慈愛飼育《じあいしいく》してきたのである。

従って毎日毎日、牛馬の主食である茅萱《ちがや》を刈り取って牛馬に投与することを怠りなくはげまねばならなかった。

毎日与える草を食草《はみくさ》という。河内地方では食《はみ》と略称している。

食草刈りにはそれぞれ刈り時により作業名がある。

一番草
春新萌の草は柔《やわ》らかで一番草という。土地が肥沃《ひよく》なところは草立ちがよい。早朝、朝露のある内に刈り取る。人は山矛《やまほこ(やまおこ)》で担ぎ、馬は馬鞍《うまんくら》に負わせて帰る。

刈って来た茅草をば、早速食切《はみき》りで適当に短く切り食桶《はみおけ》一杯切り込んで、一日の給与分にする。穀物など振り掛けたりして一日数回給水と共に、食桶《はみおけ》から食舟《はみぶね》に入れて投与する。

二番草

二カ月位たつと、一番草の刈跡の草が柔らかく伸長してくる。これを二番草といって、牛馬は好んで食べる。

三番草

陽射しがよくて、土地が肥沃なところは、草立ちがよくて、三番草を刈り取ることが出来る。

寝敷草

食草とは別に、牛馬が休むときの敷草を寝敷草《ねじきぐさ》（ねじき）という。毎日一荷刈り取り、夕方には厩舎内に寝敷《ねじき》草を敷《し》き与えて古い物と取り替える。古い寝敷は引き出して堆肥舎《たいひしゃ》に入れて堆肥に作る。

干　草

どこの農家でも干草場《ひくさば》といって良質で草立ちのよいところを、昔から干草場に定めていて十一月の稲刈の頃には天気を見計らって、干草切りをする。

干草とは、冬季に牛馬に与える茅草《かやくさ》のことで、未だ青味のある内に刈り採《と》り、その場で日干しにする。数日たって乾いたら、束ねる。束ねたものを集めて雨が通らないように、伝統的な積み方で、野原の一角に積み上げる。これを小積《こづ》みという。

冬季には、時々適当量を持ち帰り、水を打ったりして柔らかくしたものを、食切《はみき》りで切って牛馬に与えるのである。

このような作業を河内地方では「干草切《ひくさき》り」というが、高千穂地方では唄にあるように「刈《かり》干切《ぼしき》り」という。歌詞に「馬草負《まぐさお》えよ」とある馬草は河内地方では馬草《うまんくさ》という。

刈干切唄

〽ここの山の刈干しゃすんだヨー
　明日はたんぼで稲刈ろかよ

〽秋もすんだよ田のくろ道をヨー
　あれも嫁じゃろ灯が五つよ

〽屋根は萱葺《かやぶき》萱壁《かやかべ》なれどヨー
　むかしながらの千木をおくよ

〽高い山山どの山見てもヨー
　霧のかからぬ山はないよ

〽も早や日暮れじゃ迫迫《さこざこ》かげるヨー
　駒よいぬるぞまぐさ負えよ

〽誰に見らりょとおもうて咲いたヨー
　谷間谷間の岩つつじよ

第五章

草祖茅野媛神
猿丸茅場物語

猿丸の茅場と大入野《ういんの》牧場

大八洲《おおやしま》に茅草の種子をお蒔《ま》きになられたという鈴嶽の副祭神「草祖茅野媛神《くさのおやかやぬひめのかみ》」のご威徳から、河内の国にも各所に茅場と牧場がつくられた。

女鈴山の東南面の山麓には猿丸の茅場と大入野牧場があり、茅場は大窪村・塚田村・萩之嶺村・毛吉田村・上方村・下方村・隈谷村・弁分村七カ村の共有であったが、茅の需要が次第に減少して、弁分村・隈谷村は権利を放棄《ほうき》したので、細田村と榎原村で杉植林をした。後に日南市有林となったが、市が柑橘栽培を奨励し民間に払い下げて農地になった。大入野牧場も南平集落二十三名で杉植林をした。

猿丸

猿丸の他名は、道開きの神で鈴嶽神社の末社神《まっしゃじん》である「猿田彦命」が大八洲《おおやしま》に馬匹を放たれたとの古事に基づくと言われる。

場内に「猿田彦命」と「馬頭観世音菩薩」をお祀りした石祠を建立している。

東河内には牧ヶ谷・牧内・牧之原・大入野牧・元牧・牧内等が地名として残っている。

串間方の牧場

鈴嶽の南西側には馬牧の根園牧・大平上門牧・大平下門牧・広野牧・片野牧・田之野牧・風野牧・松枡牧の他、牛牧の大矢取牧・広野堂金牧がある。

秋月高鍋藩の串間での牛馬の生産は極めて盛んであった。その歴史は古く、宮崎県立図書館所蔵の福嶋院中御牧并里牧牛馬焼印改帳によると、牧は、藩直営の七牧・里牧八十余の他に個人の牧もあったと串間市史にも見える。

仔馬の競市《せりいち》は、毎年串間上町河原で定期開催され、県南の仔馬仔牛は全て此処で競売買された。九州各地はもとより四国方面からの買付があったと伝えられる、一大産業であった。戦後の昭和三十年代まで続いたが機械化で農馬の需要がなくなり廃止された。

野焼き

茅場も牧場も茅切りが終わると野焼きがある。野焼きは雑木の繁茂を抑制《よくせい》し草立ちをよくする大事な作業である。

広範な原野に火入れをする作業は飛び火延焼《えんしょう》などで大火災にならないことが重要であるから、古老達の経験に基づく慣習を基に作業を進行しなければならない。

火道切り

火道切りは延焼防止《えんしょうぼうし》の最も大事な作業で、茅場牧場の周囲を幅二メートル以上に、地肌が見えるぐらいに茅草や燃えやすい物を取り除きそれを内側に投げ入れて火道をつくり、火入れの当日を待つのである。

火入れは元通《もとお》し達が協議して決める。小雨でも降りだす前を最高とするが、先ず風が無いことが最も大事なことである。火入れをすると必ず風が起こるからである。

火入れの当日には神主を頼んで神籬《ひもろぎ》を立てて山の神のご降臨を仰ぎ、神酒神食種々《みきみけくさぐさ》を捧げて、野焼きの安全を祈願する。

神事が終わったら全員元通しの指図に従って配置につく。野焼きは火付けよりも火災防止が第一であるから、全員が駆《か》り出される。

元通しの指図によって、要所要所には熟練の者を配置し経験のある人と人との間に初心者を交えて、各々に火打ち柴を持たせて火入れの合図や指示に従って、火を導き火を見張るのである。火入れは風向きを見て、風下の一番高い所から始められ徐々に左右に下方に広げられる。これは火走りを遅くし火勢を抑制しながら燃え残りを少なくする事と火災防止の基本的な作業順序である。

火勢が強くなるに従い風も起こってくるから、全員で飛び火や延焼に注意するように元通し達から強い指示がある。作業員は、全員で火押さえの火打ち柴を持って火が外に走らないか飛び火しないか即座に対応出来るように厳重に見張りをする。

次第に風上と下の方に燃え広がり漸く野焼きが終わり全員一安心した頃には、神様の神饌をおろして無事を神に感謝し全員の苦労を労《ねぎら》って、婦女子が準備した酒肴で直会《なおらい》が行われるのである。

茅切り

日本民族は古代から茅の家に住んでいた。住居は時代と共に進化して今日のようになったが、茅葺《かやぶき》屋根の時代の茅切りと家葺きは年間の一大事業であった。

生活様式も進化して、本屋（母屋）・隠居屋《いんきょや》・馬屋（厩《うまや》）等棟数も多くなってきて、大型屋根を葺き替えるには沢山の茅を集めなければならない大変な作業であった。女性だけや一人二人の世帯で家を葺き替えることは容易なことではなかった。

昔の家は全て茅で葺いていた。茅葺き屋根は、通常三十年か五十年毎に葺き替えをしたものであった。その年々に葺き替えを予定される棟数に加えて、時には氏神の神社や地域の民俗神の祠堂等も企画し茅の量を定めて期間内に完成しなければならないのである。

大きい集落では組を作り小集落は全員で取り掛かるので、その全ての計画はその地方のしきたりで選出された元通《もとお》し達で葺き替えの時期や集める茅の量など全てが企画されるのである。

節季の農閑期（旧暦の十一月から二月頃）に働き切りで、結いの作業に取り掛かる。働き切りとは男女十六歳から六十歳まで全員出役することである。

いよいよ茅切りが始まると総出で手に手に利鎌《とがま》を持って、馬に鞍を負わせ首には鈴を付けて、早朝暗い内からチリンチリンと鈴の音を響かせながら、猿丸を目指して集合して共同で茅切りに取り掛かる。馬に鈴を付けるのは鈴嶽の神に茅の恵みを感謝するのと作業の安全を祈る習わしという。

草刈りには三払把《みはれわ》・四払把《よはれわ》・六払把《むはれわ》があるが、家葺きの茅運びは老人婦人子供まで刈り出されて屋根の上に投げ上げなければならないので、軽い三払把に定められているという。

一払とは左手に刈った草をしっかり握り締めてそれに右手で茅を周囲から刈り集めて持ち上げられる量をいうが、慣れてくると誰もが同じような量を刈り取れるようになるのである。

元通しの世話人は刈り集められた茅を「八重《はえ》」（一八重《ひとはえ》は茅百把）を小積みに積み上げたものを毎日確認する。その年の棟数に幾八重必要かは元通し達で計画されているからその八重に達するまでは、全員で努力しなければならないのである。

茅場からの茅の運び出しは、人は三払把を二把ずつ縛《しば》ったものを山矛《やまおこ》に突き刺して肩で担《かた》げて、馬には三払把を二把ずつ縛ったものを六把負《う》せて、予定に達するまで続ける重労働なのである。

家葺《いえぶ》き

家葺きは長い経験からの高度な技術も必要であった。茅が予定通り集まったら元通しが天気などを見計らって家葺きに取り掛かるのであるが、その前に準備しなければならないものが沢山ある。屋中竹《やなかだけ》や押え竹は、木六・竹八・葛十《かずら》といわれた。木は六月から、竹は八月から、葛は十月からが適期ということで、竹はお盆過ぎから切り集めて保管しておくのである。八月以降に切った竹は何年経っても虫が喰わないからである。

また、藁縄を沢山準備しなければならない。昔は全て手綯《な》いであったから集落全員で早くから綯《な》い上げたものであったが、近年は縄綯機《なわないき》が出来たので、当日近くになってからで間に合うようになった。

家葺きにはそれぞれに役割と技術があって、重要なところ（軒付け・尾根葺き・棟葺き等）は熟練の古老達が担当し、その側《そば》に将来の担い手が付いて一緒に作業をして見習うのである。

また、平葺《ひらぶ》きでも茅の厚みや根出しなど経験を要することであり、屋根裏から刺し出す槍《やり》刺し（針刺しともいう）との掛け合い、押え竹の押え具合、縄締めと家結びの結び方など、数々の作業に永い経験から編み出された秘伝があるので、経験者と新米が交互に並んで教えたり見習ったりして作業を進めるのである。

家葺きは一日で葺き上げなければならないので、年寄りや子供まで駆り出される。年寄りは昔の経験から目配り気配りをしながら子供たちと茅運びなど雑役を手伝い、婦女子は昼餉《ひるげ》・夕食の準備など全員総掛かりで葺きあげるのである。

粢行《しとんぎょ》撒《ま》き（シトンギョマキ）

茅の屋根葺《ふ》きでは、昔から必ず「シトンギョマキ」が行われてきた。筆者が幼少の頃は、未だ茅葺きの家があり、毎年冬場になると、何処かで家葺きがあり、シトンギョ餅を貰うのを楽しみにしていたものであった。

「シトンギョ」とは粢《しとぎ》、火を使わないで造る餅のことで、これを供えて、火伏せの神に火の災いが無いように祈願する行事のことである。

茅屋根は火災が発生すると、火の塊《かたまり》が風で方々に舞い広がり、大火災になることがあるので、殊更に火災を忌むことから、縁起をかつぎ、火を使わない餅をお供えする昔からの風習である。

粢は、米粉を水で捏《こ》ねて餅状にする。または前日に米を水に湿《しめ》して置き、翌朝杵《きね》で搗き餅状に仕上げて造る。飫肥地方は踏臼《ふむす》で足で搗いた。

粢は、古くからの習わしで、月・陽《ひ》の重ね（大餅）二個に、月餅（中餅）十二個、日餅（小餅）三百六十五個の他、蒔き餅を沢山造る。蒔き餅は粢を室蓋《むろぶた》に押し広げて、碁盤型に切れ目を入れて、角小餅にする。

家葺きは村中の人々が集まり、終日全員で葺き上げる。夕方棟葺きが終わる頃には、棟上に神籬《ひもろぎ》を立て、火の神の降臨を仰ぎ、御酒《みき》種々《くさぐさ》に合わせて粢をお供えして、神主または僧侶・家主・元締め達が棟上で、神々に火伏せの呪文を唱えて、加持・祈祷の行を祭行する。

これを「粢行・シトンギョウ」という。古来山伏宗の呪術師から伝承されたものとの口伝がある。

行が終わると、お供え物全てが下ろされて、粢餅が配られる。シトンギョマキは撒くのではなく配られるのである。

月餅ははじめに恵方に供える。または、撒くのである。恵方は、その年の干支《えと》によって、よいと決められる方角。吉方。

粢は苞《つと》に頂く。「苞」は茅の中ほどをきつく縛《しば》り、一方に折り曲げて端を縛り、中ほどを押し広げた入れ物。

世話人が、茅箸で皆に差し入れてくれる。子供たちは大人が作ってくれた「苞」に入れてもらうので、全員苞《つと》を持って並び「シトンギョ」をいただいて喜んだものであった。

茅葺き屋根は火を忌むことからシトンギョは絶対に焼いてはいけないとの言い伝えがあり煮て食べた。

作業が終わると婦女子が作った「かしわ」や川魚が入った「ケンチン汁」、箸が立たないように堅い豆腐（おかべ）などに伝統の酒肴で、新屋根をお祝いし、茅切りから始まり家葺きまで連日続けてきた苦労を労《ねぎら》い合って、賑やかに酒盛りをするのである。

茅屋根は乾湿の自浄作用・夏季の防暑・冬季の暖房の効果が高く、最良の建材との評価があるが、火災に弱いのが難点である。

遷宮撒《せんぐま》き（セングマキ）

茅葺き以外の家の新築には、遷宮撒《せんぐま》きが行われる。

遷宮とは、家堅《やがた》めの神をお迎えして、家の安全福運を祈念する神事をいう。

棟上げの時に、神主・大工頭領・家主が屋上で、神籬《ひもろぎ》を立て、神饌《みけ》・種種《くさぐさ》に合わせて、お餅を供えて、末長く家の弥栄《いやさか》・招福を祈願する。

遷宮の供え餅は火を使った餅で、月陽《つきひ》の大きい重ね餅二個・月餅（中餅）十二個・日餅（小餅）三百六十五個であるが、セングマキの餅は別に小餅を沢山つくる。

神事が終わったら、供え餅を降ろして、恵方に向かって月餅を撒き、続いて日餅と撒餅を撒くのである。他にお祝いとしてそれぞれにお餅を配ったりするが、シトンギョと違い火を使って食べてもよいことになっている。

遷宮のあとに神主から家堅《やがた》めのお札（護符）のお授けがあり、護符《ごふ》を床柱の上部に貼り付け家堅めとする風習がある。筆者の家にも古くからのものが貼ってある。

厳格な家では建て替えの時には、家堅めの神を一時隠居家などの別棟にお移り給い、改築棟上げの時にお迎えするところもある。

遷宮の風習は、伊勢神宮の二十年遷宮・出雲大社の六十年遷宮等から伝承されたものであろうかと思考するものである。

結い

家葺きだけでなく機械文明の未発達の時代は、あらゆる事が人力の共働でなければ成就《じょうじゅ》しなかったので、自然に生み出されて来たのが「結《ゆ》い」であった。飫肥地方では「かてり」と言っている。

「結い」は即ち相互扶助・共存共栄の集団行動なのである。労働能力・技術力・年齢の差があっても、全員同一の働きと見做《みな》し助け合う心の結びつきである。結いは、愛の絆となり美徳を生み美風美俗となり、地域独特の血の通った素晴しい文化となって発展してきたのである。

今日では「結い」の言葉も行動も軽薄となり古里の温情も感受しなくなって、郷土独特のすばらしい芸能文化も廃《すた》れつつある。今は嘗《かつ》て美しかった「結い」の言葉もいつしか遠くなり大変に侘《わび》しい。今日の世相はお金さえあれば人に頼らなくても自分の一家はやっていけるという風潮が広がり、いつしか「結い」の光は薄らいできた。

産業組合

明治三十年代（一八九七～一九〇六）は世界的産業革命時代で、日本も時代の進運に伴い産業の改革が進められた。農業の分野では今日の農業協同組合法の前身である産業組合法が明治三十三年（一九〇〇）に制定され、農村は急速な進歩を遂げるに至った。その規範《きはん》となるものが産業組合歌であるとして全国で斉唱された。

産業組合歌に「聴《き》くや時代の暁《あけ》の鐘　共存同栄と響くなり　いざ諸共に進みなん　やがて築かん理想郷」とあったが、今日の社会に乖離《かいり》はないか心が痛む。

産業組合歌

西條八十　作詞
小松耕輔　作曲
昭和３年１月制定

一、深山《みやま》の奥の杣人《そまびと》も
礒に釣する海女《あま》の子も
聴くや時代の暁の鐘
共存同栄と響くなり

二、朝風たかく飜える
わが組合の旗じるし
老いも若きも手をとりて
いざもろともに進みなん

三、時の潮《うしお》は荒ぶとも
誓いはかたき相互扶助
愛の鎖に世を巻きて
やがて築かん理想郷

第六章

猿田彦大明神と駒曳猿物語

女鈴山麓に祀る猿田彦大明神

鳳凰草猿田彦大明神

鳳凰草観音様

猿丸大入野猿田彦大明神

猿丸大入野馬頭観世音菩薩

猿田彦命

猿田彦命は万事を最も善《よ》い方に「おみちびき」下さる方位の神として崇敬が厚く、道の神として天孫を御嚮導《ごきょうどう》の後《のち》は国土の開拓を唱導なされ、諸国を御巡歴給うたとある。

猿田彦命は大八洲《おおやしま》の道開きに、馬匹を放たれ育成を勧奨《かんしょう》されたとの古事から、牧場には猿田彦命をお祀りし、神仏習合《しゅうごう》時代は馬頭観世音菩薩を併せ祀った。よって何処の農家も馬屋に数枚の御符を掲示していたものであった。

女鈴山麓《さんろく》の猿丸大入野牧にも、二神仏を祀る石造りの祠が安置されている。

古くから道は馬であり馬は道なりの理《ことわり》あり、馬は交通運輸農耕に欠くことの出来ない重要な動物であったから、家族同様に大事に撫育《ぶいく》したものであった。

馬と猿と河童《かっぱ》物語

河童と猿は仇敵なりという。河童は猿を見れば忽ち抗すること不能となり、猿は河童を見れば敵意旺盛となると云われる。

猿は馬を守る、河童は馬を痛める、の大同小異の数々の民俗説話が全国各地津々浦々に許多《あまた》伝誦《でんしょう》されている。

明治の民俗学の大家、柳田国男翁の『海南小記』『山島民譚集』に全国の語り種《ぐさ》の収録がある。

この語源は往古支那（中国）より来りしものの由、中国古書『温故要略巻四』『五雑俎巻九』『本草綱目巻五十二』にも「狙《さる》を厩に置けば、馬して疫せざらむ」の書ありという。

柳田国男書の一部を借用しつつ諸説を述べることとする。

醫《い》家《か》ト河童《かっぱ》

筑前黒田家ノ家臣ニ鷹取運松庵《たかとりうんしょうあん》ト云フ醫師アリ、妻ハ美婦ニテ膽《たん》力アリ、或夜厠《かわや》ニ入リシニ物陰ヨリ手ヲ延バシテ悪戯《いたづら》ヲセントスル者アリ、次ノ夜短刀ヲ懐《ふところ》ニシテ行キ、矢庭《やにわ》ニ其手ヲ捉《とら》ヘテ之ヲ切リ放シ、主人ト燈火ニ検スルニ、長サハ八寸バカリ指ニ水掻《みづかき》アリ、苔《こけ》ノ如ク毛生ヒテ粘《ねば》リアルハ、水虎《すいこ》ノ手ナリト。

其夜夫婦ガ寝タル処ニ来リ、打チ歎キタル聲ニテ、其ノ手ヲ御返シ下サレト申ス。

河童ナドノ分際《ぶんざい》デ武士ノ妻ニ無礼アルニ、手ヲ返セトハ武士ヲ嘲侮《あざけあなど》リタルカ、成ラヌ成ラヌト追イ返ス、今ハ絶々《たえだえ》ニ泣キ沈ミテ尚モ乞ヒケレバ汝猶《さる》我ヲ騙《だま》カサントスルカ、我ハ外治ノ醫家ナルゾ、冷エ切ッタル手足ヲ取戻シテ何ニセント言フゾト罵《ののし》ル。

御疑《おうたがい》ハ御尤モナレドモ、人間ノ療治トハ事カハリ、三日ノ内ニ継ギサヘスレバ、前ホドニハナラズトモ、コトノ外残リノ力ニナリ候。

偏ニ御慈悲ト涙ヲコボス。此時運松庵モ稍合点シ、然ラバ其薬法ヲ我ニ傳授セヨ、腕ハ返シ與フベシト云ヘバ、河童是非ニ及バズトテ障子越ニ一々薬法ヲ語リテ書留メサセ、片手ヲ貰ヒテ罷リ還リタル。

運松庵ハ有利ナル交換条件ヲ以テ安々ト河童手継ノ秘法ヲ聞取リ、永ク之ヲ一子相傳ノ家寶トシテ、近国ノ怪我人ニ河童薬ノ恩恵ヲ施シタリト云ヘリ。

猿と馬

古き支那書の記事に猢猻瘟疫《こそんおんえき》の気を去ると云ひ、獮猴《びこう》の皮は馬の疫気を掌ると稱し、常に獮猴を馬坊に繫げば悪を砕け百病を消すとある（猢猻は猿の俗語。獮猴はおおざる）。

疫馬と猿力

古ク東晋ノ大将軍ナル者アリ、愛馬ガ不思議ノ病ニ罹《かか》リテ俄ニ狂ヒ死セシヲ、村人ガ三十里東ノ森ニ入リ棹ヲ持チテ森ノ樹ヲ叩ケバ猿ニ似タル一疋の獣現ハレ出ヅ其獣ヲ連レ来リテ死馬ノ前ニ置ケバ、鼻ヲ軀《からだ》ニ当テテ息ヲ吸ヒ、馬ハ忽チニシテ蘇生スト云ヘリ。

猿皮の鞍

鞍ニ猿ノ皮ヲ張ルコトハ、既ニ源平盛衰記ノ中ニモ猿ノ皮ノ鞍ト云フコト見エタリ。馬ニ騎ル武士ハ特ニ猿ノ皮ヲ掛ケタル鞍ヲ携ヘテ馬ノ守護ト為シ、馬ノ病ナドノ折ニモ之ヲ用ヰテ舞フコトトナリシヨシ。

都城島津家の至宝「三猿蒔絵鞍鐙」
（都城島津邸提供資料より）

薩摩守の三猿蒔絵鞍鐙

宮崎日日新聞。平成二十二年（二〇一〇）十二月三日報道によると、江戸時代初期の都城島津家伝来の馬具は、史料価値が非常に高いとされる鞍と鐙《あぶみ》が全て揃って残っていて、さらに馬が蹴り上げる泥をよけるための障泥なども比較的よく残っている、さらに御道具帳といわれる管理台帳のほか装具雛型などの関連文書も残され、馬具の伝来や構造を知る上で貴重な資料群となっている。

その馬具の筆頭に挙げられるのが「三猿絵巻鞍鐙」である。これは、鞍の前輪に手で口を押えた猿一匹（言わざる）、後輪に猿二匹、目を押えた（見ざる）、両耳をふさいだ（聞かざる）が両方の鐙にそれぞれ「聞かざる」と「見ざる」を金の蒔絵で表している。江戸時代には、猿は馬を守る神として祀られていたことから、装飾として選ばれ、描かれたのであろう。

鞍の姿は古い形で鎌倉時代の特徴が見られる。ただし鞍の前輪と後輪をつなぐ居木の裏には「慶長十五庚戌（一六一〇）五月」と年紀があることから、古い鞍を模して江戸時代初期に作られたものかもしれない（都城島津邸副主幹山下真一氏説）。

河内の民話

河内地方でも川では、河童を「ガラッポ」という。子供の頃には川遊びを長くすると、「おすまじおっと（遅くまでいると）、ガラッポに尻を抜かるっど」と叱られたものであった。

また、夜は、ヒヨスボが出ると言われ、「夜遅まじ遊んじょっと、ヒヨスボにだまされち、連《つれ》ちいかるっど」と戒められたものであった。

ガラッポは角力《すもう》が好きで、頭の皿の水がこぼれると弱くなると聞かされた。

ヒヨスボは略してヒヨスとも言われて、夜はヒュー、ヒューまたはヒョウー、ヒョウーと鳴き声を発し、家を揺り動かしたり、外風呂に風呂水を溜めて置くと風呂に入るなど、いろいろのいたずらをすると言われ、ヒヨスが入った風呂は生魚のような生臭い臭いがすると言われたものであった。

酒谷西ノ園、肥田木稔氏は、生前よく猟の話をしてくれた。彼は昼の猟もするが時折夜猟もすると言っていた。

或る時、男鈴山に深夜休んでいると、ヒョウー、ヒョウーと、鳥でもなければ獣でもない鳴き声で、左の尾根から右の尾根の方に渡っていった。身の毛がよだつような気持であったが、あれが「ヒヨス」だと実感をこめて話をしてくれた。河内地方には山仕事に携わる人が多くいるがヒヨスボ、ヒヨス、ガラッポの話は幼い頃からよく聞かされたものであった。

猿曳駒銭

猿曳の駒銭について、柳田国男翁の説を要約すれば——。

支那ニ於テモ馬ノ銭ハ甚ダ多シ。唐将千里追風、又ハ白驥《はくき》ナドノ銭文アルモノヲ裏面ニ駒ノ画ヲ、遂日腰泉ノ如キハ表面ニ鋳出シタモノ。

〔注〕追風（順風にのる）　白驥《はくき》（一日千里を走る馬）　遂日（日がたつにつれて）　唐将は、順風にのり、一日千里を走るとの意なるか？

又千里之能日行里入戸通泰等ノ銭ハ人ノ馬ニ騎リタル画様ナルモノ。

〔注〕千里之能《のう》日行里（一日千里の道を行く）　騎りたる馬は、一日千里の道をたやすく行くようなものの意ならんか？

此ノ銭文ヨリ想像スレバ、馬ハ即チ通用ノ迅速ナルコトヲ以テ、其奔馳《ほんち》ニ譬《たと》ヘタルカトモ考ヘラレル。

〔注〕奔馳《ほんち》（速く走ること）　譬（たとえる）　馬は常時速く走ることのことか？

金銭を（おあし・足）と呼ぶはまことに理なるかな。要するに、金銭の流通は、円滑、且つ迅速なるを良しとする、支那（中国）の意義と解語するものである。

日本の駒銭ハ方孔ノ周囲ニ馬ヲ描キ、口縄ヲ附ケテ之ヲ曳ク形ナリ。馬ノ首ノ右ニ向ヘルヲ入駒ト云ヒ、左ニ向ヘルヲ出駒ト云フ。馬ノ背ニハ俵トカ珠トカノ目出タキ荷物ヲ積ミ、

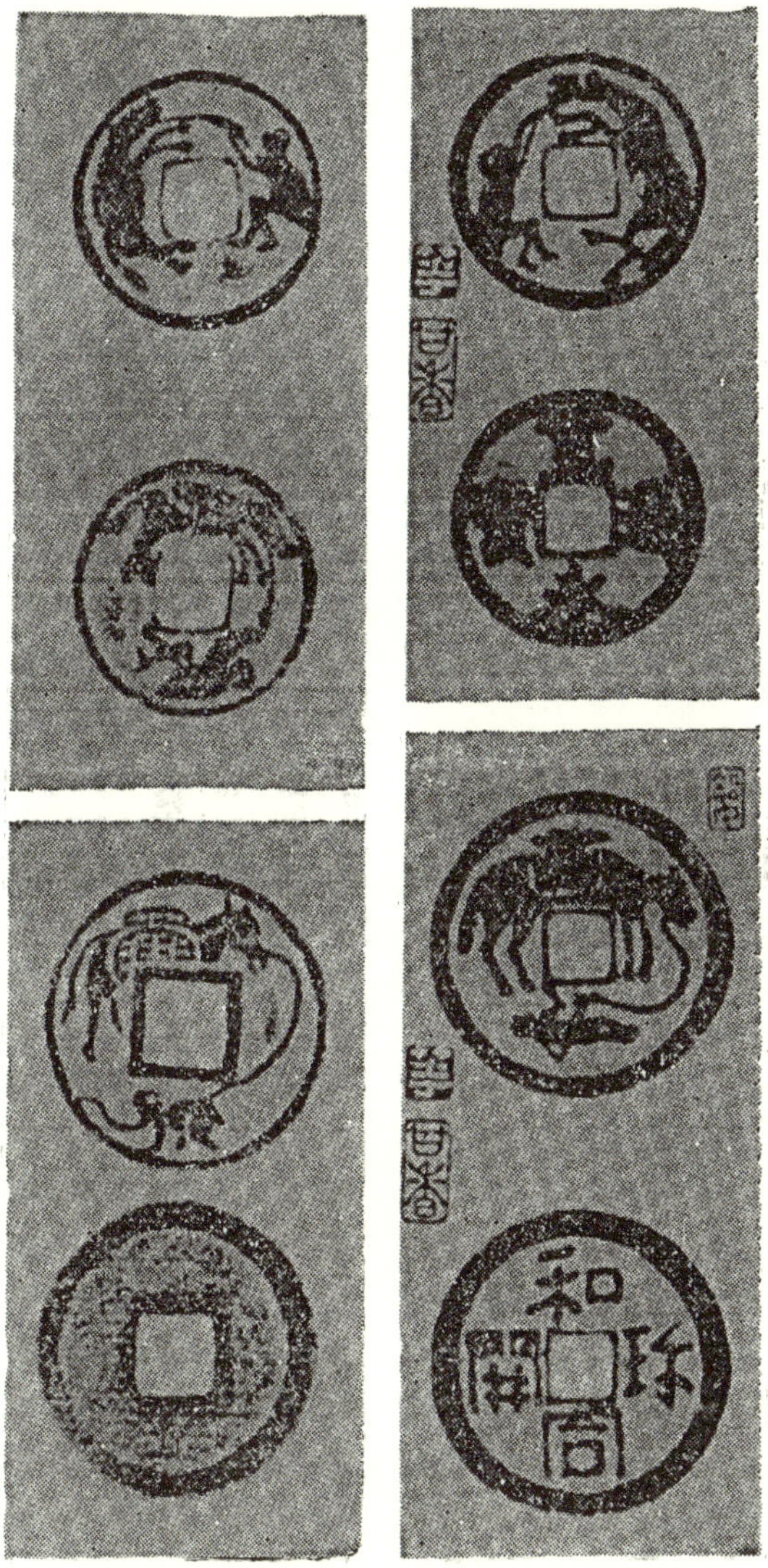

猿曳駒銭

神人又ハ農夫ノ之ヲ曳ケルモノアレド、分ケテモ注意セラルルハ、裸馬ヲ猿ノ曳キ行ク図ナリ。仮ニ年代ノ前後ヲ忘却スレバ殆ト、河子「カシャンボ」ノ歴史ヲ画ケルカトモ思ハルル所謂猿曳駒ノ絵銭ナリ。

自分ガ蒐集セシ諸国ノ河童ノ話ノ、右ノ絵銭ト関係ヲ有スルラシキコトハ、恐ラクハ何人ニモ承認シ得ベキコトナラン。

駒曳猿ノ絵馬

神社ノ絵馬ニモ猿ガ之ヲ曳ク所ヲ描ケルモノアリ。自分ハ幼少ノ頃藩磨ノ農家ニ於テ、厩ノ戸口ニ印刷シタル此絵ノ貼附ケラレタルヲ多ク見タリ。多分ハ生石子神社ヨリ出シタル、牛馬ノ守護符ナリシカト思エリ。

九州地方ニテハ、又他ノ神社ヨリモ此絵札ヲ配リシモノアリガ如シ。

鈴嶽神社の駒曳猿の護符

頭書記述通り女鈴山麓に奉祀する猿田彦命と馬頭観世音菩薩の御神霊の御利益に肖《あやか》り図表の護符を氏子の馬屋に貼付していたが、往年より機械化農業の発達により、牛馬の飼育が皆無となってからは、牛馬信仰も希薄となって護符の発行も無くなった。

駒曳の猿

この絵図は、筆者の作であるが、馬は都井御崎の野生馬を撮影したものである。野生馬は常時動き廻り頭首を下げて草を食んでいて、静止するは勿論仔馬が適当な場所に居ることも少なく、シャッターチャンスに苦労した。

猿は市木の幸島に赴き猿の動作を観察するも、立って歩く姿は極めて困難であった。止むなく三戸サツヱさん労作の写真集に猿が立ち歩きして芋洗いに行く姿があり借用して合成したものである。

牛馬農耕の頃は、何処の馬屋にも、各所社寺の護符が数枚掲示してあったものだが、近年馬屋そのものが無くなり、お札を見ることはなくなったなかで、唯一笠祇神社は古くから近在近郷で、牛馬信仰の篤い神社であったから、最近も御符を配付しているという。

第七章

猿田彦大明神と塞神・道祖神

猿田彦神

猿田彦尊の発生《はっせい》は、幼児の形象《けいしょう》をとって考えられていた。神の遊び相手としての猿の擬人化《ぎじんか》が発展した、神話に基づいているともいわれている。

猿田の「サルダ」は琉球語の「サダル」の転訛《てんか》で、先導の意味であるとも、伊波普猷氏は説き、猿田岬《さた》にも通ずる言葉ともいわれ、神々の先導をするものをミサキともいう。

道祖神

道を照らして先導した故事から、道祖神の信仰にも通じ、庚申《かのえさる》の申《さる》をサルと訓《くん》ずることから、猿に付会《ふかい》され、庚申《こうしん》信仰にも流れていき、道祖神庚申に置き換えられ、集落や村などの道の辻に祀られたりしている。

村境や辻峠などにも祀られ、悪霊《あくりょう》や疫神《やくがみ》を防ぎ境を守る神で、祀られている場所が、虫送りや疫神送りの地点ともなっている。塞《さえ》の神・道陸神《どうろくじん》なども呼ばれ、自然石だけのもの、石碑に「道祖神」「塞神」と刻んだもの、陰陽の性器を形取ったもの、単身の神像、男女二体の神像などがある。

道祖神は中国で信仰されていた行路の神であったが、この信仰が日本に移入する以前から、日本にも、種々の行路の神があった。

有名なのは、「日本書紀」にも登場する、岐《ふなど》の神《かみ》・船戸の神で、性器風の物を刻んだ男女二体の木像を祀る風習が伝えられている。フナドとは道の辻のことで、悪霊《あくりょう》の入りこむ所でもあったので、防禦《ぼうぎょ》の神として祀られたものである。

平安時代になると、道行く人を守る神として、悪霊の侵入を防ぎ止めてくれる境の神として、道祖神の名が頻繁に登場するようになった。

御霊信仰の影響もあって、境の神の性格は強調され、道祖神の信仰は、複雑なものになった。男女の生殖器は、フナドの神に見られるように、災いを除去する呪力《じゅりょく》の源として崇拝されるが、そこから発展し性にまつわる種々の願い事が道祖神に向けられ、良縁を願ったり、下《しも》の病の治《ち》癒《ゆ》を祈ったり、安産・子育ての信仰も付与された。

道祖神は子供の神様だともいわれ、道祖神の祭りは子供が主体になることが一般的である。また、六道の辻で衆生を救う地蔵の信仰が道祖神と結びつくのも容易であった。

大窪河内仮屋の小学校下の路傍《ろぼう》に、『猿《さん》の様《さま》』と呼ぶ小祠が祀られているのも道祖神であろう。また河内地方では「ミサキサマ」と崇めて、大窪神社の例大祭、十一月二十八日・二十九日には、赤飯をツト（棕櫚の葉で作った入れ物）に入れて、其の年神（歳徳神《としとくしん》）の恵方《えほう》に向けて屋敷や耕地の一角に捧げ祭る風習が伝承されている。

第八章　鈴嶽大神の祭祀

祭祀

祭祀について、白川静著『字統』によれば、「祀《まつり》」は大自然の神・自然の精霊《しょうれい》を祀る意であるとしている。

神道では森羅万象《しんらばんしょう》即ち宇宙一切の物事総ての現象を神としているから、大自然の神を神籬《ひもろぎ》・神座《かみざ》にお迎えするため、常緑の木を植えたり、祠を造ったり、石碑を建立したり、神社を創建して神をお祀りしてきた。

「祭」という字の中の月は肉の形、または手の形、示は祭卓の形、即ち祭卓の上に手で肉を供えて祭ることをいうと記している。

今日通常に行われている、米・酒・餅・魚菜等をお供えして、神事を行う神祭りをいうものである。

祭りの形態

古代人の生活は、狩猟・漁猟や樹木草木の種実・山野草等の採集が生活の基盤であった。大自然のもたらす恵みが日々の暮らしを支えてくれる。それだけに大自然の姿に人々は霊力を感じて、それを神の力と信じて崇め奉ったのである。つまり神様は、万物の中で特別な優れた霊力を持ち、人々が恐れ慎むべきものとしたのである。

自然界に起こるいろいろな現象、天変地異、天候不順、山の稔りの豊凶、作物の育ちの良否は、生活に直接影響があり、不安定なものであった。このような事象は、全て神の力と信じて、古代人は極度に恐れおののき、自然現象に霊の存在を認め畏怖《いふ》したのであった。

自然界のいろいろな現象を引き起こすのも神であり、これを鎮めるのも神様であることを信じて、常に平穏《へいおん》無事を祈るための祭りを行ってきたのである。

祭りは「神様へのご奉仕」また「神様に対する持成《もてな》し」である。

神の力を信じ神力灼《あらたか》を願って、全てに災禍の起こらないように祭りは大事なものであり、神の怒りを鎮めるために色々な呪具《じゅぐ》を使って祈願をしたのである。

お祭りとは祈願や感謝、或は慰撫《いぶ》をする為に神様に供物《くもつ》を捧げ祝詞《のりと》を奏上し舞楽を奉じるのである。

神様をお持て成《もな》しする際の最も重要なことは神様に何をお供えするかということであり、最も大事なものがお米、その次がお神酒《みき》、そしてお餅である。その上に山海の産物をお供えするのである。

神道は祭の宗教とも言われる。氏神様の祭りのような小さいものと大勢で賑やかに盛大に振る舞う大祭礼とがある。

祭の語源は「まち」「まつ」と同義と言われ、神霊が私達と接し得る場所におでましされるのをお迎えする行為とする説がある。

本居宣長が述べたとされる、「マツリ」は「マツロフ」（服従する）と同義で、臣下が天皇に仕えるのと同じく人々が神に奉仕する意だと説いている。

柳田国男の説に見られる酒食を神に供する間、一同が神前に侍座《はべ》ることを指すとも言われる。

神道とは何かという絶対的な定説はないようであるが、三つの説に共通する概念は、「マツ」「マツロフ」「ハベル」といった、神様への奉仕の姿と言える。従って語義から祭りの性質を探《さぐ》るならば、神への奉仕と定めることが可能となる。

日本の祭りの基本は春と秋の祭りで、それは稲作との関《かか》わりから神との関係を確立した神道の起源と同根とおもわれる。春祭りと秋祭りを基本にしながら、通年様々な祭りが行われている。


春祭りは山の神をお迎えして豊作と村人の安全と幸福を祈願し村中で神楽を奉祀してきた。昔から何処の神社も夕方から多くの松明《たいまつ》を高々と掲げて夜もすがら三十三番の神楽を舞い続け、天手力男命《あめのたぢからおのみこと》が天の岩戸を押し開き天照大神をお迎え申し上げ賜う舞と同時に夜が明ける、盛大で荘厳《そうごん》な舞楽の祭りであった。

昨今は大方の神社は氏子の高齢や信仰心の薄らぎで、舞も数番で済ませるところもありかつての賑わいは少なくなった。

秋祭りは神様を神輿《みこし》に移乗し給い氏子総出で村人と共に、海や川に送迎して様々な遊楽《ゆうらく》を盛大に催し感謝を表す「渡御祭《とぎょさい》」、また神様の神輿を担いで村々を巡行御遊覧遊《ごゆうらんあそば》し、氏子と直会《なおらい》を共にし舞楽を奉じて謝意を表す「浜降り祭《はまくだりさい》」を催し、一年の御加護に感謝する。神は山に宿るとの信仰から春に山からお迎えし、一年の御加護に感謝して秋には山にお送り申しあげるのである。そして祭りはそれぞれの地方で特色のある祭りに発達していった。

桃と祭祀

奈良県桜井市纏向《まきむく》遺跡第一六八次調査（辻地区）ＳＫ三〇〇一「出土遺物の自然科学的分析結果について」（奈良市提供）によると、大掛かりな祭祀行為に伴うものと考えられる桃の種実二七六五点が同一場所に纏《まと》まって発掘されている。尚近隣に桃の林が広がっていた事が推定された。宮崎日日新聞、平成二十二年（二〇一〇）九月二十日付にも報道された。

桃の祭祀の風習は中国から伝わったものであろうが、桃は古くから不老長寿や魔除けとして信じられ、神話にも登場する。

山内《さんない》丸山遺跡（青森県）や吉野ヶ里遺跡（佐賀県）の他、各所の遺跡からも祭祀に用いられたものとされる、桃の種実が発見されている。

桃物語

女神のイザナミの神が亡くなり黄泉《よみ》の国へ去られたので、男神イザナギの神は大変に悲しみ後を慕って黄泉の国に訪ねて行かれたが、女神は大変見にくい姿に変わっておられたので男神は驚いて逃げ出された。

すると女神は怒って、シコメ軍という鬼共に命じて、男神を追撃させられた。

男神は十握《とつか》の剣で戦いながら黄泉の比良坂《ひらさか》まで退いてこられたが、見るとそこに大きな桃の木があり桃の実が沢山なっていたので、男神はその桃の実を鬼共に投げつけられたところが、鬼共は一目散に逃げていった。

古代から桃を一口食べると、千日の永生きをするとの縁起もある。

節分の桃

節分の行事は、元々は中国の古い時代からの伝承であったものが日本に伝わったとされる。

中国の節分行事は、桃の木で作った弓で葦《あし》の茎で作った矢を番《つが》えて鬼を追い払うしぐさをする、「鬼追会《おにやらい》」という行事であったとされる。

桃太郎

桃太郎鬼征伐の童話は、古くから語り継がれ親しまれている。

人類は太古の昔、海洋で単細胞から進化して想像もつかない年月を経て人間に成ったとされている。その過程を、母体子宮の羊水中で僅か十カ月で人間（幼児）に発育することは実に不思議であり、まさに神秘的と言わざるを得ない。

桃太郎物語では、尽きることなく流れる川に運ばれてきた、桃から生まれた幼児を、老夫婦は桃太郎と名付け大切に愛育したとある。

前掲「桃と祭祀」で述べたが、人びとは古代から桃の偉大な神力を信じて、祭祀の呪具に用いてきた。

物語では、悪徳狼藉を働く、強暴な悪鬼共を討ち果たすことが、首尾よく成就するように桃の神力を念願して、桃太郎と作者は名付けたのであろう。

国語辞典に鬼とは、想像上の化け物としているが、童話では干支《えと》の丑《ウシ》は北から東に三十度の方角、寅《トラ》は東から北へ三十度の方角、即ち北東の方向である。

この方角を「鬼門」と言って陰陽道では、悪鬼が出入りするという方角で、家相では、この方角に窓や出入口を作ることを忌み、厳禁としている。

干支の丑を牛として角を、寅を虎として虎の毛皮をヒントにして、頭に角を生やして、腰に虎の毛皮を着装した姿を鬼とした絵師の発想は見事である。

一方これに敵対して征伐に参加した、サル・トリ・イヌの干支は、申《サル》は西から南へ三十度・酉《トリ》は西・戌《イヌ》は西から北へ三十度の方角で西北西である。この方角は、未《ヒツジ》・申《サル》の南西の裏鬼門というのに類する方角である。

この方角も家相では防疫の方角としている。即ち表鬼門に対峙する裏鬼門であることから、桃太郎は軍の隊置を南西方向に定め、猿・キジ・犬を盟友としたのであろう。

猿は人間に次ぐ知恵者・鳥は天空を飛翔する。犬は嗅覚に優れて人意を悟る能力を有する。等々桃太郎軍団は強豪揃いとなり、強敵鬼軍を打ち破ることが出来たのであろう。

腹が減っては戦は出来ぬ。桃太郎軍団は、戦争の兵糧に黍《きび》団子を食わせた。黍には多種あるが、桃太郎が持っていたのは、「小黍」という種類で、団子にしたのであるから、ウルチでなくモチキビであった。

餅小黍はお米の餅のように蒸して餅や団子に出来る。筆者幼少の時代には、大方の家で餅黍や餅粟を作っていたから、米ご飯に混ぜて焚き込んだり単品で餅や団子にして食べさせてもらったものであった。黍団子は腹持ちが良いことから、オヤツにも食べていた。

万全を期した桃太郎の戦略は、大勝利し、戦勝の宝物を満載して、犬が車を引き、雉《きじ》が綱引き、猿が後押し悠々と凱旋した。

下手な筆者の解析であるが、子供の読本としてこれほど親しまれた童話は外にはなく、作者の卓越した識見に賛辞を惜しまない。

桃の神力

黄泉の比良坂の桃・鬼追会の桃の弓・鬼ヶ島征伐の桃太郎の真意は、桃の偉大な神力を具現《ぐげん》したものであろう。

「もも」と読む文字には「百」（もも）、「百百」（もも）があり「百千」は「ももち」で「百千鳥《ももちどり》」がある。さらに「百歳《ももとせ》」などもあるが、何れも数多い意味である。

桃の文字は木偏に兆をつくりとして出来ている。兆は億の一万倍の数である。即ち桃は、無量大数と解語し偉大なパワーであると筆者は解明する次第である。

もとよりこの物語に合わせての筆者の愚考《ぐこう》であることを自覚してであるが、祭祀に桃を奉献したのは、偉大な神威・神力の庇護を願ってであろうと結語するものである。

調理の発達

縄文時代に人類は土を高温で焼くことで、器を造ることを知った。器は液体を入れ、運搬・貯留することに大変便利なばかりか、食料の貯蔵にも、調理・加工にも重要な器具となった。

調理は焙煎《ばいせん》・炒煎《そうせん》・熬煎《ごうせん》・煮炊《しゃすい》等、様々な技法を考案するに至り、古代人の生活文化に一大進化が起きていった。

発酵文化

発酵は酵母や細菌などの微生物が有機化合物を分解して、アルコール類・有機酸類・二酸化炭素などを生成する過程をいうが、照葉樹林文化は酵母・醸造・醸成文化でもあり、発酵・熟成技法の発達で、酒・味噌・醤油等を造るようになった。

粥占《かゆうら》は単なる占いではなく黴《かび》の文化で、発生と熟成の過程から、糖化・アルコール（酒精）化・酢化《さくか》することを神様のお力と知り得たのである。

餅の大きいものを鏡餅というが、日本神道のご神体は鏡である。かがみは、かみがみの意であり、重ね餅はその意を強調することと言える。

酒は栄の意であり、神様の御代がいやさかであるようにの祈りでもあるのである。

鈴嶽の神は、開田《ひらきだ》で出来たお米で餅と酒を造り粥とお米と山海の産物を供えて、天つ神、国つ神、海神《わだつみ》をはじめ八百万神に奉献され、河内の国が平穏《おん》無事に発展することを祈願なされたのである。

粥

穀物は自然界にあった草木の種実の有用なものを見付け利活用し次第に栽培しはじめ、世界各地からいろいろな種類が様々なルートを経て世界中に広まっていったものであるが、その加工技術も原始的なものから次第に発達してきたであろうことは言を俟《ま》たない。

最初は荒皮を除いたあとは摺り砕き粉にして、粥や団子にして食したものであろう。発掘される遺跡には必ずと言ってよいほど穀物を磨砕《つきくだ》く磨石が発掘されていることから、古き時代は種実は全て磨砕いて食していたものと思考するものである。

粥は神様に捧げる大事な食物であったようで、粥のでき具合で吉凶を占う祭も始まったのである。

倉稲魂命《うがのみたまのみこと》は河内に広く農耕を推し進められたことで、蕎麦麥《そばむぎ》・米山《こめんやま》・小麦迫《こむぎざこ》等の地名となっている。

粥占

粥占は旧暦一月十五日（十五日正月、即ち小正月）に造った粥の中に、細い竹管や木の枝で作った棒を入れて粥が詰ったり、付着した状態（分量）でその年の豊凶を占う神事である。また、粥の一部に鍋などを伏せて、定められた期限後にカビの生え具合を見て占う方法もある。

現在も各地の社寺で行われているが、粥は神事の際神様と共食の食物として大事な意味合いがあったことから、一族や村落の行事としても行われていたという。

昔は河内の各神社でも行われていたといい、大窪神社の祭神は倉稲魂命とされるが、宇迦は食と同じ意で食物の意味であるとされることから、「稲に宿る神秘的な精霊」という意で五穀食物を司る神とされる稲の精霊である。そのため、粥餅を献げる祭りは厳粛に祭行されたという。このことから地名が宮ノ後・粥餅となったという。

神話の伝承

明治から大正・昭和時代の進運に伴い、政府の神道推奨は益々強力に推進された。

大窪神社の第二代宮司矢野久美氏は神道への造詣深く、熱心な信奉者であった。

それは大窪住民の等しく習俗するところとなり、大窪神社信仰は一層高まり、月参りの行事を祭行することとなった。

神社の縁日、月の二十九日午前六時に、村長・村議会議員をはじめ各種団体役員、在郷軍人会に至るまで、定例参拝が実行された。

これに合わせて、大窪小学校の先生・生徒全員が参詣して、神社参拝唱歌を斉唱奉った。

祭事終了後、矢野宮司の神道の説話があり、有り難く拝聴したものであった。

それが本書の骨子ともなっているのである。

大窪《おおくぼ》神社

祭　神　大山祇命《おおやまつみのみこと》
鎮座地　日南市大字大窪字宮之後
例祭日　十一月二十九日
社　殿　本殿（神明造）
　　　　拝殿（入母屋造）
境内坪数　八五三坪
創立年月日　明暦三年と伝える
　　　　明治二年神社となる。
（「宮崎県神社誌」より）

由緒沿革

記録がないため、勧請の年がいい伝えられているだけで、由緒、沿革とも、はっきりしない。明治四十年、神饌幣帛料を供進すべき神社に指定された。

神社になるまで、

大窪稲荷大明神

祭　神　倉稲魂命《うがのみたまのみこと》

神名の由来だが、宇迦《うか》は食《うけ》と同じ意で食物の意味である。「稲に宿る神秘的な精霊」という意で、五穀食物を司る神とされる。稲の精霊を神格化した神で、多く稲荷神社の祭神となっている。『日本書紀』にある倉稲魂命と同神で、大年神《おおとしがみ》およびその御子・御年神《おとしがみ》とともに穀物の神である。延喜式大殿祭祝詞《おおとのほかいのりと》のなかにも、「是れ稲の霊なり」とあるように、稲の精霊であったといえる。

（「宮崎県神社誌」より）

第九章　鈴平谷の神業《かみわざ》

鈴平谷の神業《かみわざ》

神代の米作りの始まりは縄文時代後期紀元前三〇〇年頃とされるから、二三〇〇年も以前と推察される。その頃は沼地を利用したり、細流《せせらぎ》を使って田にしていた。

野の神「かやぬひめのかみ」は、稲の栽培を広めようとして、最初に開田《ひらきだ》をつくられ、次に鈴田《すずだ》をつくられたが、何れも湧水が少なく規模が小さいので、もっと広い園田《そのだ》をお造りになりたいとの思し召しから、どこかよい泉の湧き出るところはないものかとお捜しになった。

男鈴山と女鈴山の谷間には泉が湧き出そうであるが、そこには山のような巨大な赤磐が立ち塞がっていて、泉の湧き出るのを妨げているのである。

この巨巌を取り除くには、並みの業《わざ》では出来そうにないが、何んとかして取り除く方法はないものかと思案の末、天神《あまつかみ》にお伺いをたてられた。

天神の申されるに、土地のことは、地祇《くにつかみ》（国神）の司《つかさど》るものである。出雲に出向いてその業《わざ》の教えを乞《こ》うがよかろう、と宣《のたま》われた。

鈴嶽の神は早速、御子神の谷を司る「おおとまといのかみ」と「おおとまといめのかみ」の二神を出雲に差し向けられ、願い事が成就《じょうじゅ》するように、地祇に懇願してこいと申し付けられた。

二神は出雲に赴き地神《くにつかみ》である大国主神、別名大穴牟遅神《おおなむちのかみ》に、鈴嶽の泉を塞いでいる、山の如き赤磐を取り除き墾田《こんでん》を行いたいと、事の次第を事訳けて奏上されたのである。

大穴牟遅神は御心広くお聞き届けになり、この国には、それぞれの神業《かみわざ》を持つ神々がいる。磐を裂き砕くことや、国土を静めることの出来る神々を差し向けることにしようと、ご快諾になり、次の四神を呼び寄せられ、日向の国に下向するように申し付けられた。

下向の神々

- 経津主命《ふつぬしのみこと》（別名、磐裂神）

いかなる硬い岩群をも切り砕く十握《とつか》の剣を持つ神。
「経津《ふつ》」は、剣の切れる音を表し、物をブッッと斬る威力の意味である。

- 建御名方命《たけみなかたのみこと》

千人かかっても持ち上げることの出来ない大石（千引石）を軽々と持ち上げることの出来る大力の神。

- 少名毘古那命《すくなびこなのみこと》
- 大淀比咩命《おおよどひめのみこと》（夫婦神）

国土を静め、落ちつかせ、固める神。

磐裂きの神事

大国主神（大穴牟遅神）は四神に、河内の国に赴き、鈴嶽の神の墾田《こんでん》の助力をするように申し付けられた。大国主神の命によって日向国河内にご来着になった四神は、早速大磐を取り除き、後々《のちのち》に山崩れなどの災禍が起こらぬように静めるための儀式に取り掛かられた。

- 地祇《くにつかみ》、山祇《やまのかみ》の御心を鎮めるための供物を供える。
- 神籬《ひもろぎ》に地祇、山祇の降神を招請する。
- 地祇、山祇に磐裂きのお許しを願う祝詞《のりと》を奏上する。
- 経津主命が十握《とつか》の剣を以て磐を切り砕くことのお許しを願う祝詞を奏上する。
- 建御名方命が、大磐の除去を乞う祝詞を奏上する。
- 少名毘古那命と大淀比咩命が、磐裂きのあと、災害が起こらず、豊かな泉が湧き続くように、河内の国土を静め、落ちつかさせ賜うように願いの祝詞を奏上する。

磐裂きの偉業

河内の国人は総出で神業の成功をお祈りし、鈴嶽の神々は、願い事が叶えられるという天神から拝受された大鈴を打ち鳴らされた。

いよいよ神業《かみわざ》が始められ、経津主命が十握《とつか》の剣を抜き放ち、巨大な赤磐に突き立てられると、巨巌は一突きにして見事に切り裂かれた。尚も二突き十突きと続けざまに突きさされ大巌の全てを切り裂かれた。

待ち構えておられた建御名方命は持ち前の剛力をもって、切り裂かれた巌塊を残さず投げ放たれた。

投げ飛ばされた数多《あまた》の赤い岩石は、谷間から山の尾根までを真っ赤に染めつくしたのであった。

ここに磐裂きの偉業は見事に成し遂げられ、鈴嶽神は河内の国人と共に出雲の神々の威力に感謝し大いに悦ばれたのである。

続いて、少名毘古那命と大淀比咩命によって、常《とこ》しえに山崩れなどの災害が起こらず、豊かな泉が湧き続き河内国が繁栄することをお願いする祝詞《のりと》の奏上がなされ、偉業の全ては終了したという。

鈴平谷・鈴平岩・赤嶺《あかね》（赤根）の地名の起こり

壮大な磐裂きの事業が終了したあとには、高さ三丈（約九メートル）余、幅十丈（約三〇メートル）余の大巌壁が現れ、豊かな泉が湧き出で細流《せせらぎ》は小川となったのである。

建御名方命によって投げ飛ばされた岩石によって鈴平の尾根はすべてが赤く染まった。

この光景をご覧になった鈴嶽の神は、泉の流れを鈴平谷、巌壁を鈴平巌、赤石で染まった尾根を赤嶺《あかね》（赤根《あかね》の元名）と名付けられ、今日の地名となったといわれる。

赤嶺（赤根）には今日も赤い岩石が採掘され、「赤根の赤石」として庭石などに珍重されている。

西の園の墾田

かやぬひめのみかみは、見事に成就した磐裂きの偉業によって湧き出た、鈴平谷の神水を用いて、河内の国人と共に、田園をお墾《ひら》きになり、漸く本格的な稲の栽培を広められることが出来たという。

この功業を祝って、この地を西ノ園と名付けられ今日の地名になったという。

酒造り

鈴嶽の神（おおやまづみのかみ）は、八百万《やおよろず》の神々の中での、酒解神《さかどきのかみ》であることから、河内の菅田《すずた》（元名は鈴田）の繁穂で糀《こうじ》を造り、西ノ園の神米と鈴嶽川の清水で酒を造られ、天・地・海の神々に捧げられたという。

酒造りは糀造りから始める。西ノ園の神米と鈴嶽の湧水で造った酒が、殊の外良く出来たので、その細流《せせらぎ》を鈴平谷と名付け、続く本流を酒谷川、酒造りをしたところを酒谷村と名付けられ、今日の地名になったと伝えられる。

これが河内地方で、穀物から酒を造った始まりとされることから、大山祇神を、酒造りの祖神として、酒造業者の信仰するところとなったのである。

酒奉献の祭祀――「出雲の五神」の招聘

西ノ園の美田の開拓が成就したのは出雲の神々の来援の御陰によるとのことで、後に酒解の神(おおやまづみのかみ)が酒造りの祝祭を催される際に、健御名方命《たけみなかたのみこと》をはじめ、経津主命《ふつぬしのみこと》、大名《おおな》牟知命《むちのみこと》、大淀比咩命《おおよどひめのみこと》、小名比子名命《すくなひこなのみこと》の五神を招聘《しょうへい》されて、磐裂《いわさ》きの功績に対し懇《ねんごろ》に謝意を表し河内の国人と共に、盛大に催されたとある。

この式典の場所が、酒谷神社になったので酒谷神社の祭神は国譲りの大儀を成し遂げられた大国主命の御子神、健御名方命・経津主命・大名牟知命・大淀比咩命・小名比子名命の五神と、万物を産みなした神である伊弉諾命《いざなぎのみこと》と伊弉冉命《いざなみのみこと》の七神を祭祀している。

この式典は旧暦十一月二十八日に行われたので、酒谷神社の縁日となった。

爾来、春には山から神々のご降臨を賜り、五穀豊穣と万民の幸運を祈願して、神楽を奉献し、秋には神々のご加護に感謝して、浜降《はまくだ》り渡御《とぎょ》のご神幸祭を、地域をあげて盛大に挙行して、山にご昇神いただく、報恩感謝祭を毎年続けているのである。

酒谷神社（旧村社）

祭　神　健御名方命《たけみなかたのみこと》　経津主命《ふつぬしのみこと》　伊弉諾命《いざなぎのみこと》　伊弉冉命《いざなみのみこと》　大名《おおな》牟知命《むちのみこと》　大淀比咩命《おおよどひめのみこと》　小名《すくな》比子名命《ひこなのみこと》

鎮座地　日南市酒谷字桜馬場乙六四六三番地

例祭日　十一月二十八日

社　殿　本殿（神明造）　九坪
拝殿（神明造）　一六坪

境内坪数　三五〇坪

創立年月日　不詳

（「宮崎県神社誌」より）

由緒沿革

中古から飫肥城の右翼となり、ひとたび伊東義祐（三位入道）飫肥平定後も左翼となった郷ノ原城とともに長期間にわたった島津、伊東両氏の戦いに重要な役割を果たした酒谷城趾の東隅にある。旧称を諏訪大明神といい武の神として祀られたものとみられる。『日向地誌』によると、棟札に永禄六年（一五六三）十二月飫肥城主島津忠親が再興した。その後、大阪夏の陣も終った元和三年（一六一七）十一月、飫肥城主伊東祐慶のとき、その命で、談義所の僧祐遍が再興したという。明治維新に際し、村内にあった栗嶺の白山権現、懸野にあった懸野大明神、阿田越の愛宕大権現、石塚の大将軍の四座を明治四年に遷座して合祀、いまの名に改めた。明治四十年二月、神饌幣帛料を供進すべき神社に指定されている。

懸野大明神はその後、再遷座され懸野神社となった。

（「宮崎県神社誌」より）

第十章

酒解の大山祇神
古代の酒物語

日本における酒造りのはじまり

酒を広めた神、人間界に酒造りを伝えられたのは大山祇神であり、「酒解神」ともいわれる。大山祇神《おおやまづみのかみ》、酒解神《さけどきのかみ》を祭ってある京都・梅宮《うめみや》神社は、乙訓郡大山崎の天皇山にある。「延喜式」にも出てくる古社で、自玉手祭来酒解神社《たまてよりまつりきたるさかとけ》と称されている。

神代の昔、この神社を掌《つかさど》る大山祇神を中心に全国の神々が集まった折、大山祇神は神々に奇《き》妙《みょう》な汁《しる》を勧《すす》めた。神様達がおそるおそる飲んでみると、なんとなくいい気分。もう一口、なんて飲んでいるうちに陶然《とうぜん》としてきた。「これは何というものですか」と尋《たず》ねる神々に、「米を解《と》いて造るものでサケという。サケとはいい味がし、いい香《かお》りのするもののことだ」と答えた。神々は、それぞれの社に帰ると、さっそく教えられた通りに、米を研《と》いで酒を造った。こうして全国に酒が広まったという。

この大山祇神を祭神とする、酒造りに関係の深い神社は、愛媛県今治市大三島大山祇神社・京都市嵐《あらしやま》山松尾神社・広島県宮島町《みやじま》（現廿日市市）厳島《いつくしま》神社・福岡県玄海《げんかい》町（現宗像市）宗像《むなかた》神社・滋賀県大津市坂元日吉神社・大阪府高槻市三島鴨《かも》神社・島根県大社町（現出雲市）出雲《いずも》神社など全国各地に点在している。

日本酒の起源

万葉集の中に「ひとつきの濁《にご》れる酒」というフレーズが出てくる。この時代の酒はドロドロした「練酒《ねりざけ》」のようなものだったと考えられる。

ところが飛鳥時代《あすかじだい》の遺跡《いせき》から「須弥酒《すみざけ》」と書いた木簡《もっかん》が発見されている。この「須弥酒」は「すみさけ」と読み、「澄み酒」の意と思われる。

またこの後の天平年間の文献にも清酒《すみさけ》の表記が出てくる。これはペースト状の練酒《ねりざけ》を漉《こ》したり、濁りの上澄みをとったもので、祭事に使われる酒だったようである。

これらが清酒のはじまりととらえられているが、平安時代中期以降に造られた「菩提泉《ぼだいせん》」が、清酒の起源とする説もある。

縄文土器の中からヤマブドウの種が見つかったり、青森県の山内丸山遺跡でヤマブドウの種が一カ所に集まっている場所が発見されたことなどから、ヤマブドウを原料とする酒が少なくとも五千年以上前から飲まれていたとする説が有力である。

天甜酒《あまのたむけざけ》

一方、日本酒のような米を使った酒については、八世紀に書かれた「古事記」や「日本書紀」

に、ヤマタノオロチの物語や、コノハナサクヤヒメが天甜酒を造った話などが登場している。日本書紀に、米で造られた酒として「天甜酒」の記載がある。天甜酒という名前は「天上界の美酒」という意味があり、日本書紀のなかで、この酒を造ったのは木花開邪姫《このはなさくやひめ》となっている。ちなみに、木花開邪姫は天照大神の孫の邇邇芸命《ににぎのみこと》がひと目ぼれして妻にしたほどの美人と伝えられている。

さて、天甜酒はどのような酒だったのであろうか。米を原料にした醸造酒《じょうぞうしゅ》だといわれているが、現在の酒のような澄《す》んだ酒ではなく、酸味の強い甘酒のような濁酒《にごりざけ》だったと考えられている。

口噛《か》み酒

口噛み酒とは麹《こうじ》を使わず、口噛みの神子《みこ》（巫女《みこ》）という処女に飯を噛ませて吐《は》き出させて酒を造ること。

飯の澱粉を唾液《だえき》のジアスターゼにより糖化させ、吐きだして、発酵させると、アルコール化する。この工程で酒を造ることを口噛み酒といって、安易な技法であることから、古くは各自で造っていたと考えられる。

米で造る酒造りはどこから

日本における酒造りのはじまりは、口噛み酒といわれているが、麹を使っての酒造りの技術は、どこから、誰がということになるが、「古事記」には、応神天皇の命を受けて、仁番《にお》、またの名を須須許理《すずこり》、という帰化人が酒を醸《かも》して献上したことがのっている。「姓民録」にも、帰化人の曽保利と弟の曽々保利の兄弟が仁徳帝に酒を醸したことがのっている。

「古事記」と前後して書かれた「播磨《はりま》国風土記」には、宍禾郡庭音村《しさわのこおりにわとのむら》のある神社に「大神の御粮《みかれい》が沾《ぬ》れて、かびが生えき。すなはち酒を醸せしめた」とある。米飯にカビが生えたものは、古く「かむだち」と呼ばれ、加無太知または加牟多知《かむだち》と書かれた。

これは今の麹《こうじ》にあたり、既に麹を使っての酒が造られていたことを証明しているが、その技術は「古事記」にあるように帰化人が伝えたもののようだ。この帰化人らによる大陸風の麹造りによる酒は、口噛み酒よりも、発酵もよく、アルコール度も味も数段優《すうだんすぐ》れていたことは確かである。

当時の帰化人が酒造りに深くかかわっていたことは、京都の太秦《うずまさ》にいた帰化人の秦氏《はた》が酒公《さけのきみ》という酒造りの全権大使的役職を与えられていたことからもわかる。

秦酒公《はたのさけぎみ》は、太秦で織物や酒造りを営み、その部族長として富を誇り、桓武《かんむ》天皇が奈良から京都へ遷都《せんと》した時の資金を献上してもいる。現在、太秦の広隆寺横にある酒殿神社の祭神は、秦《はた》の酒公《さけぎみ》である。

このように、麹を使っての酒造りの最初は、帰化人が深くかかわっていた。

高志《こし》の八俣《やまた》の遠呂智《おろち》を退治《たいじ》された須佐之男命《すさのおのみこと》

高天原《たかまがはら》から追放された須佐之男命は、出雲の肥《ひ》の河上《かわかみ》の鳥髪《とりがみ》の地（船通山《せんつうざん》）に天降《あまくだ》ってきた。河岸《かわぎし》に立った命は、川に流れ着《つ》いた箸《はし》に目が止まった。

そこで、命は河上に人が住んでいると思い、尋《たず》ねていくと老夫婦が一人の娘を中にして泣いていた。

命は、お前達は何者かと問い給うた。老夫婦は、自分は国つ神大山祇神の子、足名椎《あしなづち》、妻は手名椎《てなづち》といい、娘は櫛名田比売《くしなだひめ》と答えた。

さらに泣いている理由を問い給えるに、老夫婦は、私達には、もと八人の娘がいたが、高志《こし》の八俣《やまた》の遠呂智《おろち》がきて次々と娘を食べてしまい、今年もやがて遠呂智がくる時期となったと答えた。

命は、その遠呂智というのはどんな形をしているのかと問い給うと、その目は酸漿《ほおずき》のように真っ赤で身体一つに頭が八つ尾が八つあり、その身体には苔《こけ》や檜《ひのき》杉が生《は》え、その長さは谷八つ峰八つに及んで、その腹からはいつも血が垂れていると答えた。

そこで命は、私は天照大神の弟で、今、高天原から降ったところである。その娘を私に下さい。その上で大蛇《だいじゃ》を退治しようと申された。

この申し出に老夫婦が快諾《かいだく》すると、命は娘を櫛《くし》の形に変えて髪に刺《さ》して、老夫婦に強い酒を作らせ、また垣《かき》をつくって八つの入口を作りその入り口ごとに八つの台をおき、その台ごとに酒の樽《たる》をおいて強い酒を一杯《ぱい》に入れておくように命ぜられた。

やがて八俣の大蛇がやってきて、八つの酒樽に首を入れて飲みはじめ、とうとう酒によって寝てしまった。

そこで命は、持っていた十握《とつか》の剣《つるぎ》を抜《ぬ》いて大蛇を斬《き》った。そのため、肥の河は大蛇の血で真っ赤になった水が流れた。

最後に大蛇の尾を切ったとき、命の剣の刃《は》が少し欠けてしまった。これはおかしいと思われ、剣の先で尾を割《わ》ってみると、鋭《するど》い太刀が出て来た。

命はこの太刀は不思議な太刀と思われ、天照大神に献上された。これが草薙《くさなぎ》の剣である。

（「大社史上巻」第二章古事記の神話より）

延喜式の酒造り

「延喜式」には、豊宇気比売神《とようけひめのかみ》の酒造り伝説がのっている。

この比売神は、そもそも伊勢の祭神だったが、丹後国竹野郡にある奈具神社の祭神となった。

その経緯は「丹後国風土記」にも書かれているが、それによると――。

丹後国比治の里に真奈井という泉があった。ある日八人の天女が降《お》りて来て、この泉で水浴びをした。

これを和奈佐老夫《おきな》、和奈佐老婦《おみな》という老夫婦がみつけ、天女の一人の衣を隠《かく》してしまった。七人の天女たちは天に帰ってしまったが、衣のない天女は、水に身を隠《かく》して泣くばかり。頃合いを見はからって出て来た老夫婦は、私達には子供がないので、ぜひ、私達の子供になって欲《ほ》しい、と頼む。「衣を返してくれれば」という天女に「だましはしないだろうネ」、「天女がそんなことはするもんですか」などやりとりの末、結局、天女は老夫婦の子供になり、十余年を暮らす。

この天女は酒造りがうまく、その酒を飲むと、病気がよく治ることから、人々は財貨を積んで来ては酒を造ってもらった。

やがて老夫婦は金持ちになると、邪慳《じゃけん》にも「お前は私の娘じゃない。暫《しば》くの間、仮に住まわせただけだ。もう用はないから一刻も早く出て行け」と追い出してしまった。

人間の世界に長くいすぎた天女は、天へは帰れず、村々をたどり歩き、竹野の郡・舟木の里の奈具の村に到ってそこにとどまり住んだ。それが奈具の社であり、豊宇加能比売命《とようかのうめのみこと》（豊受比売神）である、という。

後に、伊勢の外宮、主祭神、豊受大神となったと伝えられる。

（『日本酒と歴史』より）

養老の滝

岐阜県の西南郡、西美濃の養老山麓に位置する。

昔、この美濃の国に貧しいけれど親を敬《うやま》い大切にしている樵《きこり》が住んでいました。

毎日山に登り薪《たきぎ》を取ってそれを売り、年老いた父を養っていましたが、その日の暮らしに追われて老婦の好む酒を充分に買うことが出来ませんでした。

或る日いつもよりもずっと山奥に登りました。谷深くの岸壁から流れ落ちる水を眺めて、「あーあの水が酒であったらなあ」と老父の喜ぶ顔を思い浮かべた時、苔むした岩から滑り落ちてしまいました。

しばらく気を失っていましたが、ふと気がつくと何処からか酒の香《かお》りが漂《ただよ》ってくるのです。不思議に思ってあたりを見廻すと岩間の泉から山吹色の水が湧き出ているのです。

これはどうしたことだろうと掬《すく》ってなめてみると香《かぐ》わしい酒の味がするのです。夢かと思ったが「有難や、天より授かったこの酒」と、腰に下げている〝ひょうたん〟に汲んで帰り老父に飲ませたところ、半信半疑であった老父は一口飲んで驚《おどろ》き、二口飲んでは手を叩《たた》いて喜び、父と子の和やかな笑い声が村中に広がりました。

老父はこの不思議な水を飲んだので白い髪は黒くなり、顔の皺《しわ》もなくなり、すっかり若々しくなりました。

この不思議な水の出来事が、やがて都に伝えられ、奈良の元正天皇は「これは親孝行の心が天地の神々に通じてお誉《ほ》めになったものでありましょう」とおおせになり、さっそくこの地に行幸になり、ご自身飲浴されて、「私の膚《はだ》は滑らかになり、痛む所を洗ったらすっかり治りました。めでたいことです、老い養う若返りの水です」と年号を養老と改められ、八十歳以上の老人に位一階を、孝子、順孫、養父、節婦には各々ごほうびを授けられ、この地方の人々の税を免除されました。

(「古今著聞集」より訳文)

第十一章　山伏宗と鈴嶽の修験場

日本修験道の成立

修験道は、日本古来の山岳信仰が、外来の仏教・道教や、神道の影響のもとに、平安時代後期に一つの宗教形態となったとされる。

この宗教は、山岳などでの修行とそれによって得られた験力《げんりき》をもちいての呪術《じゅじゅつ》と宗教的な活動の二面を有するようになったとされる。

修験道の開祖は天平年間、上野国《こうづけのくに》の出生と言われる役小角《えんのおづぬ》とされるが、役小角の正史の記録は少なく、続日本紀《しょくにほんぎ》の記事のみとされている。

その後、日本霊異記でとりあげられ説話化され、やがて高祖として崇められ、それにふさわしい諸伝説が編纂された。

山伏

山伏は宗教的呪術《じゅじゅつ》師であり、芸能の導入者であり、医者であった。

何事につけ人の相談役であって、抑圧される社会体制の中で、乏しい暮らしの人々を慰《なぐさ》め救ってくれる救世主であり、時の権力者に追従しない、世の秩序に対し、民衆の代弁者であったのである。

山伏宗は単なる神道者でもなければ、仏教者でもない、全く世界に類を見ない、独自な超人的存在であった。

こういう人間を生み出し共に生活してきた日本民族にとって山伏修験道の役割は重要なものであった。古き時代は、金融の利便は全くなく、病魔に対処する術《すべ》も乏しく、何事も神仏の加護を求めざるをえなかったのである。

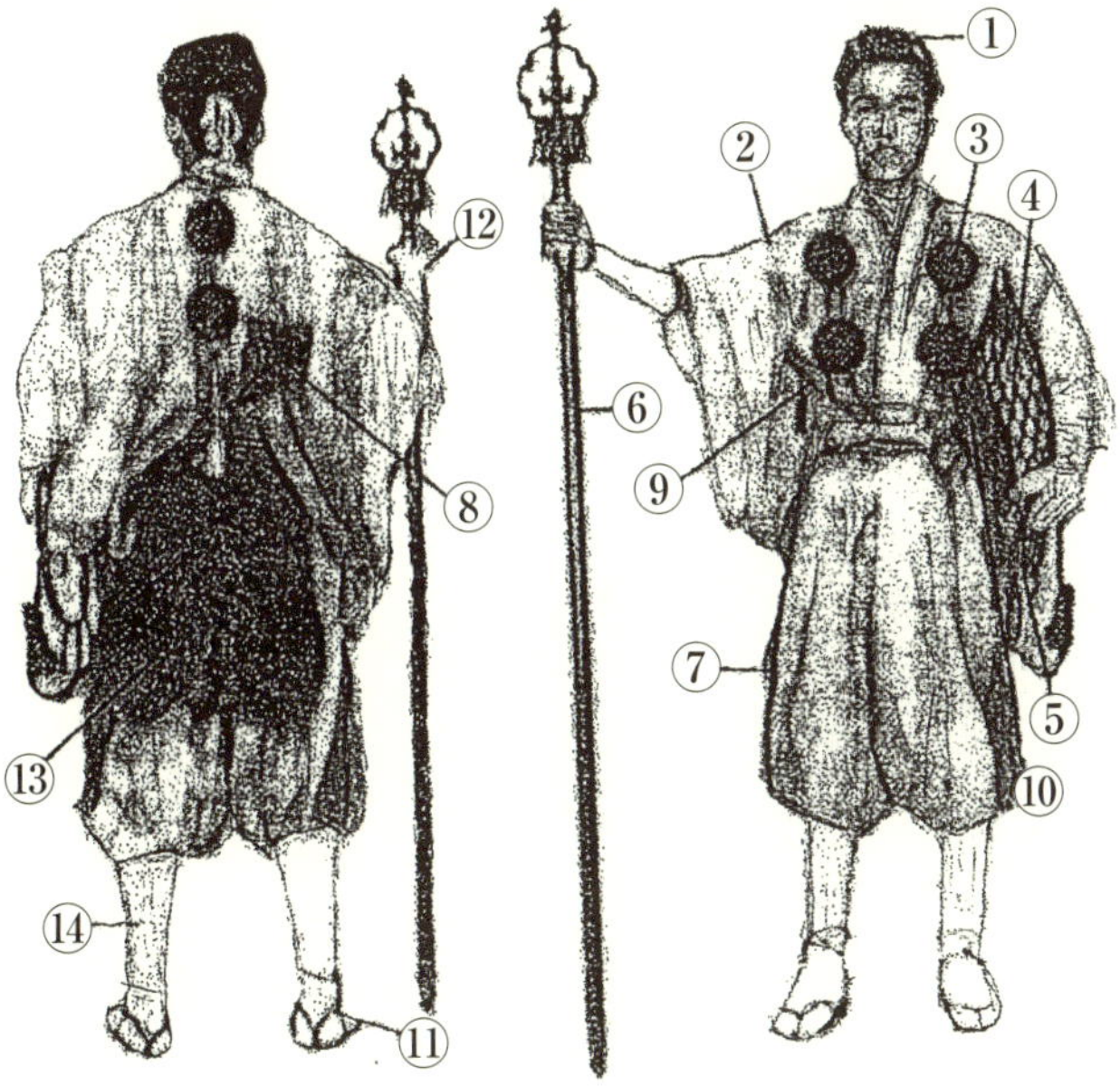

①頭襟（ときん）
②鈴懸（すずかけ）
③結袈裟（ゆいげさ）
④法螺（ほら）
⑤最多角念珠（いらたかねんじゅ）
⑥錫杖（しゃくじょう）
⑦螺緒（かいのお）
⑧浦葵扇（ほきせん）
⑨檜扇（ひせん）
⑩柴打（しばうち）
⑪八目草鞋（やつめわらじ）
⑫手甲（てこう）
⑬引敷（ひっしき）
⑭脚絆（きゃはん）

山伏装束

山伏は白の上衣・白袴・剣先脚絆を纏《まと》い、兜巾《ときん》・笠・結袈裟《ゆいげさ》・法螺貝《ほらがい》・貝の緒・念珠・錫杖《しゃくじょう》・笈《おいばこ》・肩《かた》合《あわせ》・金剛杖・引敷《ひきじき》・脚絆《けはん》・火扇《ひおおぎ》・芝打《しばうち》・走索《はしりなわ》・藁覆《わらぐつ》の十六からなる、山伏独特の装束をしていた。

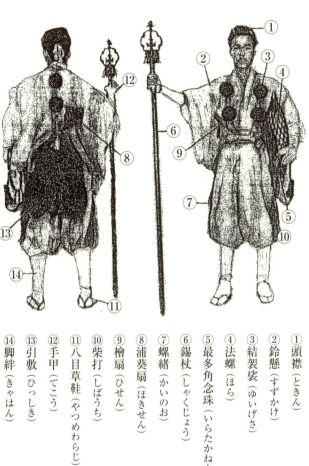

山伏の生業《せいぎょう》

山伏の究極の課題は、済世利民であるから、常時住民と一体であった。

山伏は入山と同時に、親類縁者との縁を断絶し、常時厳しい行《ぎょう》を重ね、超人的技能を体得することによって、衆生《しゅじょう》の畏敬《いけい》を受けていたのである。檀家巡りは、除魔招福《じょましょうふく》などの護符《ごふ》を配付し、人境《じんきょう》にあっては人民の人心を掌握、人倫を倦《う》ましめぬように交歓することに腐心して、諸事民意に副《そ》って対処することに努めたのである。

衆人は、山伏の托鉢《たくはつ》に応《こた》え、頭陀袋《ずだぶくろ》にお布施《ふせ》を怠らず、仁心《じんしん》の交流は、まさに肉親の如くであった。

山伏は、除魔・治病・火伏・虫祓・盗賊よけ・狐退治・蛇除け・雨止・雨乞い・安産・刀剣の除魔・牛馬の保健・疱瘡呪《ほうそうまじな》い等々、家事・物事にいたるまで願いごとのすべて、広くは天下泰平《たいへい》・国土安穏《あんのん》の願いまで、山伏の呪術《じゅじゅつ》による、加持祈祷《かじきとう》に依存したのである。

修験道

日本の民族宗教である修験道は、
- 断食・水行・不眠などの苦行の後に守護神を体得する巫者《ふじゃ》行

・抖擻《とそう》・断食・水行などにより霊力を得ようとする、行者の修行
・入山し辟穀《へきこく》・服薬・調息などの、独自の修行をする、道教の修行

が伝播《でんぱ》して、古代末期に、こうしたシャーマニズム的性格を持つ民間の修行と、仏教や道教の修行を習合させた、山岳修行を旨とする修験道という、日本独特の宗教が成立したのである。

修行とは、広義には宗教・武術・技術・芸術・道徳の、理想達成のための心身鍛錬をいうが、狭義には、精神を鍛え宗教的理想を体験《げん》のうえ、実現することを、修行とするのが定説のようである。

利他主義の立場にたって、人間の救済を説く大乗《だいじょう》仏教では、天台宗の止観業《しかんごう》・密教の三密修行・浄土系の口称《くしょう》念仏・日蓮宗の法華唱題・曹洞宗の黙照禅・臨済宗の看話《かんな》禅がそれぞれの修行法を定めていった。

飫肥地方の修験道遺跡

飫肥地方の古代山伏宗の記録は、天正時代以後の史実が伝えられる。

山城民平氏・吉田常政氏の諸誌を参考にすれば、元亀三年（一五七二）、木崎原《きざきばる》の戦いで島津に大敗した伊東義祐、祐兵《すけたけ》父子は、天正五年（一五七七）一族と共に、豊後大友宗麟を頼って落ち延びたが、天正七年にはさらに伊予道後の河野《こうの》氏を頼って落ちて行ったという。

この一行の中に、「三部《さんべ》」という人物が随従《ずいじゅう》していた。この三部はかねて義祐から扶持《ぶち》を受

けたことがあるので、何とかその恩義に報いるべく勤仕《きんし》していたのであった。そこで供養の勧《かん》業《ぎょう》をしたり、食糧を運んだりしていたという。

そして天正十年（一五八二）に三部は種々苦心して、祐兵を豊臣秀吉に引き合わせて、その家臣として、三十人扶持（一人扶持は二石）で抱えさせるという働きをした。祐兵はまだ二十四歳、義祐は既に七十歳に達していた。つまり、流浪の祐兵を豊臣秀吉に取り立てさせ、伊東再興のきっかけをつくった修験僧が三部快永《かいえい》であったのである。

その後、天正十五年（一五八七）に豊臣秀吉の九州征討に功をたてた伊東祐兵は、功労として曽井地方二千二十四町の地に封ぜられ、さらに飫肥の地に願い替えをして、遂に飫肥・清武の地千七百三十六町を領し、飫肥の地再興が叶えられた。

この飫肥入城にも「山伏三郎」三部快永は許されて飫肥愛宕山の地に祐光寺を創建し、飫肥地方修験の総本山となった。

愛宕山修験遺跡

ここは飫肥城跡真向かいの酒谷川右岸の山岳一帯で、飫肥地方の修験者発祥の地である。「三部快永の碑」には「正大先達　三部法印快永」と刻されている。正大先達とは、天峯山、吉野山の両峯に三十六度入峯した修行者に与えられる称号で、修験の最高位とされる。

飫肥地方の山伏宗

祐光寺は禄百石を受け、麓八ヶ院共に二十五ヶ院とも言われ、山伏は三百にも達したと言われる（近世飫肥史稿による）。

麓八ヶ院

深歳三峯院	本院	愛宕山	山口近寿院	飫肥	永吉入口
星野真如院	飫肥	糺《ただす》	和田山月院	飫肥	前鶴
稲沢正徳院	飫肥	原之迫	矢野観応院	飫肥	本町
吉田中性院	飫肥	西山	古沢蓮光院	飫肥	諏訪
鬼塚光明院	飫肥	田ノ上八幡社北			

村山伏宗

金舞山金正院	西河内	酒谷村野地	大越家大福院	梅ヶ浜	
矢野三光院			海老原寿光院		
野地金剛院	西河内	酒谷村野地	権大僧光明院		
大曽都門林院	梅ヶ浜		金剛院	梅ヶ浜	

鵜戸大神　山伏宗

今日信仰の篤《あつ》い社寺には古くは山伏宗の修験院があったことも想見されるが、特に鵜戸神宮は地勢的にも修験場として格好の場所として想定され神仏習合時代には十八寺があり、剣法発祥の地でもあることから、当然山伏宗の存在を想起するものである。

鵜戸神宮の沿革を詳細に記述された第九代宮司佐師朝規氏の著書の一節に、次のように記述されている。

九州では漢武帝の時代に大陸と交通が開けていた。ことに海浜に在って古くから開けていた鵜戸に仏教も早く入り神仏習合も早かったものと思う。行者本紀によると役小角は天武天皇の白鳳七年八月に日向に至り阿蘇山・高千穂・霧島山・速日岳・小瀬戸を踏開されたというから、当時鵜戸を中心とする海岸地帯には神仏習合の修験者も入ったものと思う。と述べているから修験院の数団体が既存《きぞん》していたことは疑う余地は無い。

鵜戸神宮は、文政十年（一八二七）に大火災があり、昭和四十五年にも火災が発生したため重要な古文書が焼失したと言われる。また、明治元年三月二十八日の神仏判然令によって、十八寺全て破棄され、仏像・仏具・経典・歴史書等々多くの重要書籍も散逸したこともあり、史跡や資料も乏しい。

鈴嶽の修験場

古代の鈴嶽は、藩政の頃まで、里山から鈴嶽頂上に至る全山が鬱蒼《うっそう》たる大天然林の照葉樹林に覆われていた。大原生林は樹齢数百年・千年の巨大木が混生林立した林相であった。人間の接近をも拒絶する深山幽谷《ゆうこく》は、昼尚暗く、幽玄《ゆうげん》にして幽寂《ゆうじゃく》、霊気の漂う神秘的な霊山であった。

こぶせ滝を本源として、全山が山伏の難行苦行の鍛錬場としては絶好の神山であった。

鈴嶽山伏の修行

こぶせ滝赤池の滝籠《たきろう》行・淵行・鈴嶽の峯行・経津主命の神力で切り開かれたという、鈴平谷の聳然《しょうぜん》たる鈴平岩座の岩壁《いわくら》行・谷行・回峯《かいほう》行・厳酷《げんこく》な、断食行・水行・不眠行・辟穀《へきこく》行・服薬行・調息《ちょうそく》行・座禅行・護摩《ごま》焚《だき》行・南蛮燻《なんばんむし》行・抖擻《とそう》行等の荒行は、厳しい戒律のもとに、定められた法則に従い、正しい作法を守って修行したとある。

修行の真の目的は、即身成仏《そくしんじょうぶつ》、擬死《ぎし》再生、捨身求菩提《しゃしんくぼて》、生きながら地獄の苦しみを味わい、生前に犯した罪穢《けが》れを消滅して新しく生まれ変わる、擬死再生を身を以って体験《げん》するをその理想としたのである。これによって法力を身につけ、人間として悟達《ごだつ》の境地を求めるのである。

鈴嶽の山伏

河内地方には、愛宕山祐光寺を本山とする山伏院号二十五カ院があり、修験者は三百名を下らなかったという。中でも、西河内（酒谷村）には子布瀬滝に安置される蔵王権現を守護神とする古沢蓮光院があった。

東河内（通称河内）塚田村、大窪村には、星野真如院の末院峯入修行の祠堂が女鈴山麓、堂面にあった。神仏判然令後は、地元の守護神として大山祇大権現・宇迦之御魂大権現を奉祀して権現前と呼ぶようになった。

山伏宗星野真如院峯入祠堂

地名堂面権現前

宇迦之御魂大権現　　大山祇大権現

　星野真如院は飫肥今町西側紏《ただす》にあり、ここから愛称星野さんといって神事を掌る山伏《やんぼし》という神主が回行して、鈴嶽神社（大明神）、塚田神社（八幡大明神）、大窪神社（稲荷大明神）で春の作神楽、秋の例大祭をはじめ、火の神の火祈念、農事の虫祈念、地の神の地神行《ぢじんぎょう》、水神の雨乞い、水難除け厄祈念、除魔、招福、疫病・災難除け等の祈念、豊饒と安楽・泰平を願う祈念の行事、毎月十六日の山の神祭、各戸の月祓い正・五・九祓いから民俗神の祓い事まで、神仏に関する諸行事には勧行祈祷に勧められたものであった。筆者が少年時代、昭和の初め頃から次第に薄れ行事も大変に少なくなった。

神仏判然令によって山伏は解体され星野真如院の山伏達は神職に転じたので、鈴嶽神社、塚田神社、大窪神社の初代神主は星野俊如という人であった。

山伏修験道の衰退

日本は大化の改新以来神道・仏教両者互いに習合《しゅうごう》し神仏同体の思想が深く、一般民衆の中に定着し、神仏混淆《こんこう》の時代は幕末まで続いた。

明治元年三月二十八日神仏判然令発令後は廃仏毀釈《はいぶつきしゃく》により、日本の宗教は神道と仏教に分離する、一大変革が起きたのである。

神仏をはっきり分かとうとする明治維新政府は、明治五年九月十五日付の太政官布達をもって日本独特の山岳修験道も、神道と仏教の二派に別れ、江戸時代に十八万人もいた山伏も、神主や僧侶に姿を変え、また帰農するなどして、急速に衰退していった。

今日では山形県出羽三山の山岳信仰メッカである羽黒山には、羽黒山伏が古《いにしえ》の秘儀を守り続けているという。大分県国東《くにさき》半島では、昭和三十四年（一九五九）に復活し、白衣・白い宝冠・

白い脛巾《はばき》で法螺をたずさえ木杖をつき、往古の修験者のさまを髣髴《ほうふつ》とさせる姿で霊場巡拝をしているという。

河内最後の山伏

大窪河内の女鈴山の裾野の堂面の小川の辺《ほとり》に、愛称「さぶさん」という山伏が、掘立小屋の庵《いおり》に住んでいた。

その山伏の生い立ちや素性についてはまったく不詳であるが、勿論山伏は縁者とは絶縁したというから姓名も不明であったが、自称河内三郎といっていたという。人柄がよく、集落の人々も「さぶさん、さぶさん」と呼んで、子供たちまで親しくしていた。

生臭物は食べない人だと聞いていた。いつも山川を歩き廻り薬草・茸《きのこ》等の山の物を採ってきて、門廻《かどめぐ》り厄払いをしながら皆に配っていた。村の人々はお返しとして「さぶさん」の頭陀袋《ずだぶくろ》に、穀物など、いろいろなお布施をしていた。

村には古くからいろいろの祈念行事があり、その時に、「さぶさん」に頼んでご祈祷《きとう》をしてもらっていた。春の虫祈念は、農薬が全くなかった時代であるから農業にとって大事な行事であった。秋の火祈念は茅葺き屋根にとって、火災防止は特に重要であり、村の二大行事であったので、村人全員で祈祷をした。

この時こそ、まさに「さぶさん」の出番であった。山伏姿に正装した「さぶさん」は、何時もと違い、威厳があったという。

祭壇には、御饌種種《みけくさぐさ》が供えられて、法螺貝が吹き鳴らされると、祈祷が始まった。采配《さいはい》を振り、指を独特に組み合わせて「印《いん》」を結び、大声で祭文呪文《さいもんじゅもん》を唱え、大息を吹き放ち、錫杖《しゃくじょう》を打ち鳴らし、五体投地《ごたいとうち》して、護摩《ごま》を焚きながら、加持祈祷を続ける「さぶさん」の姿は、真剣そのもので、まさに神が乗り移ったようで、その形相は、日頃の優しい「さぶさん」とは全く違い別人のようであったと伝えられている。

私の祈祷体験

筆者の祖母は、文盲であったからか、特別に信心深く何かがあると神仏に祈願していた。筆者が小学校一年生のとき、発熱して学校を休んだことがあった。祖母は心配して、流行病《はやりやまい》であると大変だから祈祷したほうがよい、と言って「さぶさん」を頼んできた。

寝室に入って来た「さぶさん」は早速諸道具を取り出して、大声で呪文を唱え、采配を振り、錫杖を打ち鳴らして、恐ろしい形相をして一生懸命祈祷をしてくれた。その時は大変こわかったが、終わったとき、これでよくなるよ、といつもの優しい「さぶさん」の顔でにこにこと話をしてくれたことを、今でも忘れていない。

山伏「さぶさん」の終焉《しゅうえん》

「さぶさん」の山小屋は、村はずれにあるので、村の門巡りに出てくる時のほか、山仕事の人々が、通りがかりに見舞う以外は、消息はわからないのである。

昭和二十七年（一九五二）山仕事の人が見舞ったときには、安らかに成仏していた。元より無縁者であったから榎原村役場から来て、懇《ねんご》ろに葬ったのであった。

日頃元気な人で九十歳を越しているとの人々の話であったが年齢も不詳であった。

〔参考〕吉田常政著『飫肥地方史跡考』鉱脈社刊
和歌森太郎著『山伏』中央公論社刊

第十二章　鈴嶽の夫婦杉

神籬《ひもろぎ》（神聖木）

鈴嶽の林相は藩政時代までは、里山から鈴嶽の頂上まで、樹齢数百年はおろか千年を超《こ》える巨大木が林立し、松や杉は広葉樹より一段と抜きん出て混生した照葉樹に覆われて、昼なお暗い原生林であった。その中には、鳶《とび》木・天狗木・親木などと呼ばれる、巨大で特異の樹相をした樹木が混生していた。これらの木は、神籬《ひもろぎ》（神聖な木）として崇《あが》め、中にはご幣《へい》を捧げ供物《くもつ》を供える木などもあった。

山に入る時、通り際《ぎわ》には、差障《さしさわ》りがないように、礼拝して山の安全など祈ったものだった。勿論のこと伐採することなどは、仮令《たとえ》山主であっても厳禁とされていた。

鈴嶽の夫婦杉

鈴嶽神社の祠《ほこら》近くに、双幹で上部は多岐《たき》帚状《そうじょう》で上枝梢は白骨化した老杉があった。人々は「神木」として敬い夫婦杉と呼んでいた。鈴嶽を夫婦山と親しみ、鈴嶽神の聖婚・御子神八柱の生誕に肖《あやか》り、良縁妻子の恩恵に浴し家内繁盛の信仰から縁結びの神木として夫婦杉を奉拝していた。

明治時代になって、神木も親木も全て皆伐して杉植林の施業がなされた。辛うじて頂上付近には原生林の一部が残存していたが、昭和十三年十月十四日来襲の都井岬台風は串間市を直撃し、県南地方に猛威を振るい死者十二名を出す一大災害を生じた。原生林相互の防風力が失われた鈴嶽の残存老大木は老夫婦杉共々大半が倒状消失した。

今日の幹周り二メートル近くの大木は当時の壮年期の若木であったものであるが、西北面串間側は、今でも枯死するものが続いていて憂慮されている。

夫婦杉復元へ

鈴嶽神社奉賛会は、天皇即位二十周年鈴嶽神社本格新築十周年を記念して、夫婦杉の再生復元を企画し、京都から取り寄せた北山杉十年生樹高五メートルを平成二十一年十二月十三日鈴嶽神社に奉植した。

日南市大窪の山中で偶然発見した自生の飫肥杉、五年生くらいで樹高三メートルのものを平成二十三年三月十三日、鈴嶽神社春季大祭記念に奉植した。

宮崎の気象（その一）

気圧（海面）		999.3 mb	15日7時00分
平均最大風速		NNE 16.5 m／s	15日7時00分
瞬間最大風速		NNE 19.7 m／s	15日6時55分
降水量	1時間最大	24.4 mm	15日3時00分～4時00分
	4時間最大	72.9 mm	15日2時00分～6時00分
	総量	153.6 mm	14日14時54分～15日11時20分

宮崎の気象（その二）

日	時	気圧(mb)	風向	風速(m/s)	降水量(mm)
14	14	1008.0	E	4.2	—
	18	1007.1	ENE	5.5	0.1
	22	1006.9	NE	8.2	3.4
15	2	1004.7	NE	10.2	46.3
	6	1000.4	NNE	13.4	72.9 ／
	10	1004.4	NNE	2.8	25.4

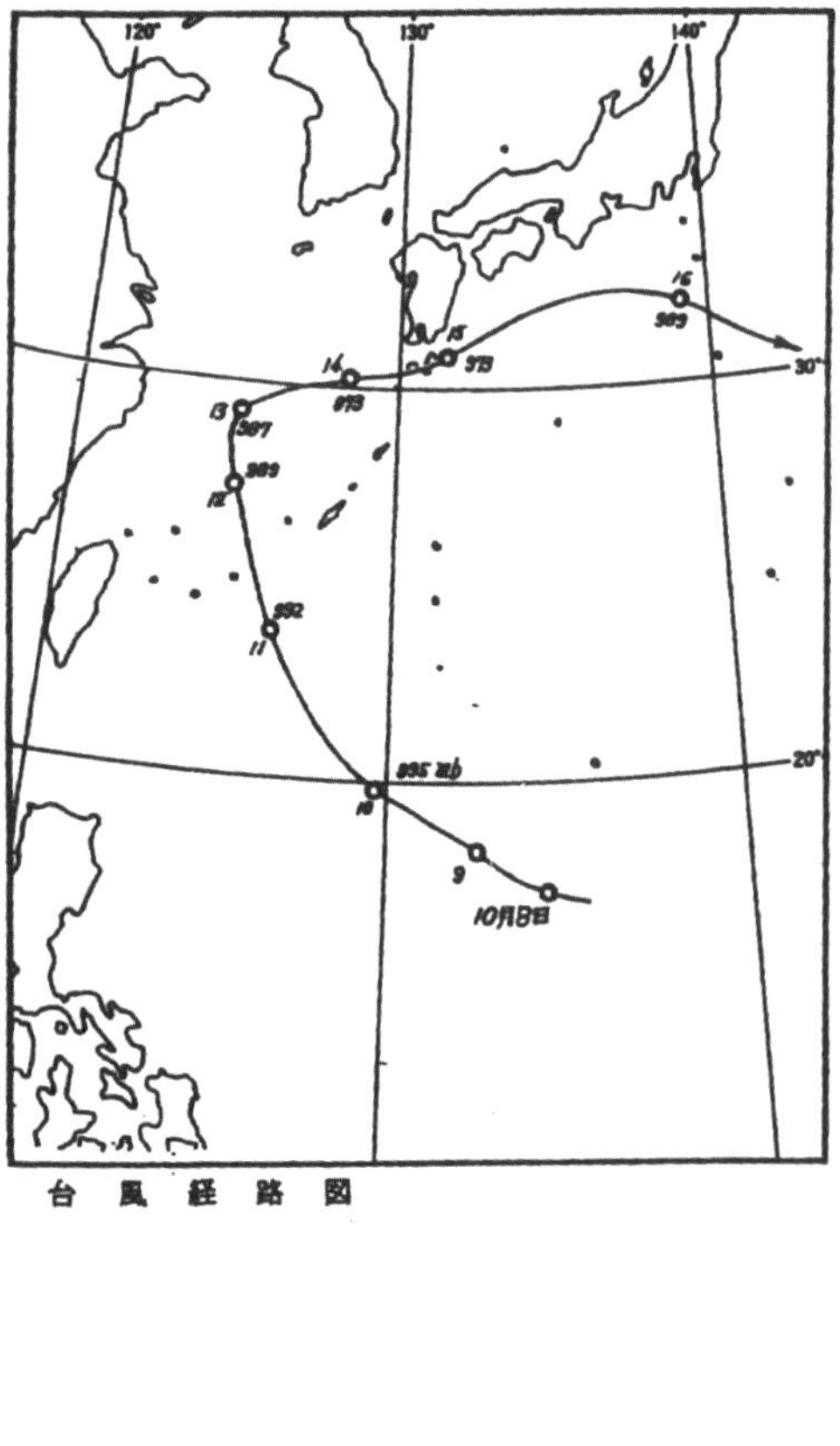

台風経路図

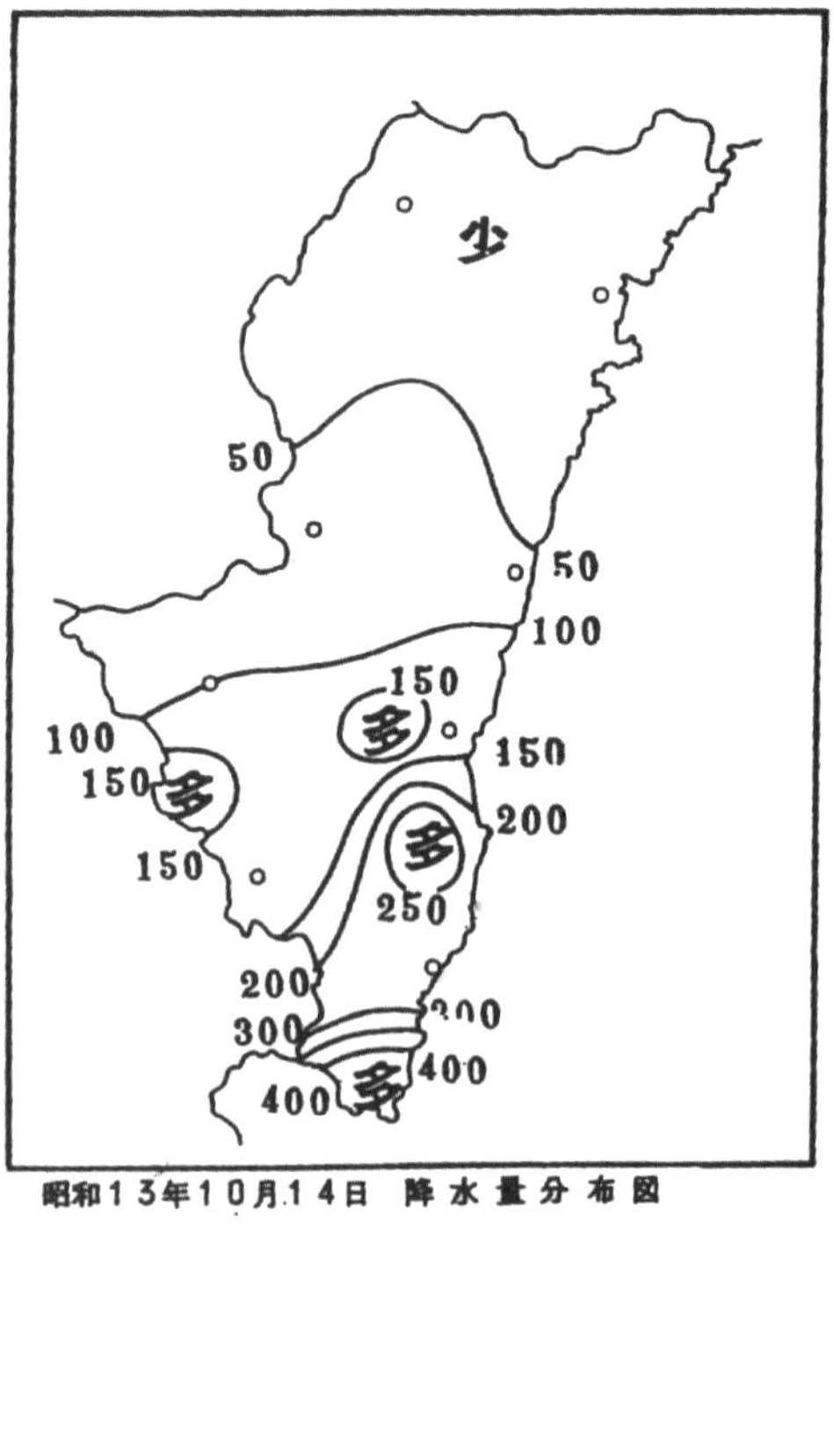

昭和13年10月14日 降水量分布図

296　昭和13年10月14～15日（1938年）　暴風雨

６日頃フィリッピン群島東方洋上に発生した台風は北西に進行し11日15時頃宮古島東方300kmを通過し東支那海に入つた。この台風の中心示度は989mbで台風としては弱いもので進行速度も毎時20km程度で、東支那海に入つていくぶん衰弱する気配が見えた。しかるに12日シベリヤに出現した優勢な高気圧が南下したため、台風はその進行をはばまれかつ寒冷前線のため、再び中心示度976mbと強まり東に進み14日夜半屋久島の北側を過ぎ15日正午には南海道沖に出た。

この台風のために本県地方、特に県南方面は大きな災害を被るに至つたが、その当時の状況は次の通りである。

14日10時頃より有明湾に臨む本城村では小雨が降り始め、風は北東の疾風程度であつたが夜に入り21時頃より北東の強風となり雨はこの時分までまだ大降りとまでは行かなかつたが、翌日２時頃より風は次第に強くなり、３時より５時頃までが最も烈しくはい然としてあたかも車軸を流すような降り方で、村民の話によると降るというよりたたきつけるようだつたとのことであつた。これがため各地の急傾斜の崖は崩れ、大小の河川は増水氾濫し、中でも都井、本城、市木の三ケ村はみぞうの惨害を被つた。

宮崎にては14日16時頃より降り出し、21時頃より強まり夜半より風も加わり気圧の下降に伴い風雨共に強まり、雨は15日２時より６時までが最も強く風は15日朝の７時頃が最も強かつた。

県下の降水量（14日）

（mm）

観測所	降水量	観測所	降水量	観測所	降水量	観測所	降水量	観測所	降水量
本　城	440.0	高　岡	93.5	寒　川	98.2	山　陰	49.7	三ケ所	5.8
福　島	208.0	都　城	119.2	尾八重	58.2	下福良	49.0	三田井	26.5
南　郷	221.0	西　岳	165.8	村　所	65.2	尾　前	37.6	仲　組	26.2
星　倉	240.3	高　原	119.2	高　鍋	60.0	家　代	33.1	祝子川	38.3
北河内	280.0	小　林	100.8	川　南	44.0	七ツ山	29.0	川内名	34.3
田　野	281.5	須　木	60.3	中之又	76.0	延　岡	28.5	細　島	58.3
内　海	193.0	野　尻	100.1	神　門	64.0	北　方	35.2		
宮　崎	148.2	加久藤	85.5	田　代	46.1	宮　水	23.8		

県下の被害

種　別		被害数	種　別		被害数
人	死者	12名	漁船	流失	17隻
	行方不明	1		破損	7隻
家畜	馬	6頭	堤防	決潰	55件
	豚	20		破損	37件
喪失	家畜	200	橋梁流失破損		16件
	緬羊	50	田畑	埋没	50町
家屋	全潰	42戸		浸水	555町
	半潰	71	電柱倒潰		23件
	流失	8	農作物損害		6,232町
家屋浸水	床上	381	被害総額		243万円
	床下	1,323			

※その他電柱、鉄道に相当の被害があった。

昭和13年に串間市を直撃した「都井岬台風」の記録（宮崎県危機管理課提供）。
この時代は、台風が上陸した所の地名を台風の名称とした。

夫婦杉71年ぶり復活

女鈴山の鈴嶽神社

地元保存会などが植樹

社殿新築10周年を記念して71年ぶりに夫婦杉を復活させた鈴嶽の峰保存会メンバーら

串間市の住民グループ・鈴嶽の峰保存会（長野勇夫会長、約20人）と日南市大窪、県自然保護推進員松田正照さん(86)は13日、両市境にそびえる女鈴山（741㍍）頂上にある鈴嶽神社（金丸満則宮司）に夫婦（めおと）杉を植樹した。

隣の男鈴山（783㍍）と合わせて夫婦山として親しまれている同山山頂付近には、戦前まで縁結びの神木として夫婦杉があったという。しかし、1938（昭和13）年の台風で倒れ、地元でも忘れられつつあった。

今年が同神社の社殿新築10周年に当たることから松田さんが復活を企画。京都の銘木・北山杉の中から10年生の杉を入手して取り寄せた。同日は松田さんと保存会の6人で作業。重機を使い、根元から幹が二つに分かれている高さ約5㍍の杉を慎重に植えた。

女鈴山は登山道（未舗装）があり頂上まで車で上れる手軽さと、志布志湾や日南市街、大島などを見渡す絶好の眺望が楽しめることから、初詣でなどで人気がある。松田さんは「特に戦前は登山客でごった返していた。夫婦杉復活で、また多くの参拝者でにぎわってほしい」と期待している。

北山杉は美芸の杉として名称高く、神木に相応しいことから奉献した。

（宮崎日日新聞 2009年12月16日）

縁結びにご利益

鈴嶽神社

串間市民ら夫婦杉植樹

女鈴山山頂の鈴嶽神社境内に植樹された夫婦杉

串間市の住民グループ・鈴嶽の里づくり会（長野勇夫会長）は串間、日南市境の女鈴山（741㍍）山頂にある鈴嶽神社（金丸隆子宮司）境内に13日、神社にゆかりの夫婦（めおと）杉を植樹した。

植樹した夫婦杉は、日南市大窪の県自然保護推進員松田正照さん(87)が日南市内の山中で偶然見つけた。根元から幹が二つに分かれており、高さは約3㍍。

女鈴山は隣の男鈴山（783㍍）とともに夫婦山として知られ、境内にはかつて縁結びの神木として夫婦杉があったという。1938（昭和13）年の台風で倒れたが、2009年に復活させようと1本植樹された。今回はその近くに植えられた。

植樹前に社殿であった例祭には、両市から約40人が出席。神事で五穀豊穣（ほうじょう）や家内安全を祈った。

松田さんは「ご利益もある場所。ぜひ訪れてほしい」と話している。

天然自生の夫婦飫肥杉の発見は鈴嶽神のお導きであり、鈴嶽（愛称夫婦山）の象徴に最適として、前植と重ねての植栽は重ね重ねの来福の意味から奉植した。（宮崎日日新聞 2011年3月20日）

第十三章

鈴嶽信仰中興の士
樺山安芸守丸目八郎伝

神馬《しんめ》名馬鈴澄号と樺山安芸守丸目八郎

東河内塚田（古き大窪は塚田と友村であり、通称河内と言った）に、樺山城（現在の三股町）樺山上米《かばやまかみよね》に縁《ゆかり》の薩摩武士丸目八郎という人物がいて、「通称丸目ドン」の愛称で、今日まで広く語り継がれている説話「神社記」がある。

丸目八郎は若年《じゃくねん》の頃から、知・勇に勝《すぐ》れ、中でも馬術は並外《なみはず》れであった。

猿田彦命が、天つ神天降りの御嚮導《きょうどう》を済まされて、諸国の道開きに行脚《あんぎゃ》され、大八洲《おおやしま》の各地に馬匹《ばひつ》を勧奨《かんしょう》された。その時女鈴山の中腹猿丸にも馬を放《はな》たれたとの由来がある。

丸目八郎は、猿丸の牧場に産まれた名馬鈴澄号に打ち乗って、毎日朝飯前に鈴嶽大神に参詣して、男鈴山と女鈴山領間《りょうかん》の広場で馬術を練習した、という熱烈な鈴嶽大神の信奉者であった。

名馬鈴澄号は、毛並容姿共に秀《ひい》でて、走る姿は空《くう》を駆《か》けるが如くであった。この馬は並の馬ではない神馬《しんめ》だと評判になり早馬と言って常に河内の人々から愛されていた。

日本書紀推古記によると、二十年（六一二）正月の宴《うたげ》に

馬ならば日向の駒《こま》
太刀ならば　呉《くれ》の真刀《まさひ》

と宣《のたも》うた、との一節がある。

河内地方における馬の生産記録は、日向地誌に詳《くわ》しく記されていて、名馬も産出されたのであろうことが窺われる。

日向地誌（平部《ひらべ》嶠南《きょうなん》）の件《くだり》に、大窪村は延享《えんきょう》四年（一七四七）戸数一四九戸、人口七二四人で馬三八六頭を飼育し駒五〇頭を生産した、優秀なものは大宰府《だざいふ》まで献じたとある。古くは、各地に牧場があった由、今日地名となっているものに、牧ヶ谷・牧内・牧ノ原・大入野牧・元牧等がある。

大窪稲荷大明神（現大窪神社）に丸目八郎が愛用したものと伝えられる馬具などが奉納されていたが、昭和十五年頃、神社の神刀や神楽面共々盗難に遭い遺失《いしつ》してしまった。惜しむ限りである。

大山祇大明神の勧請

丸目八郎の説話は古くから語り継がれているが、時代は建武《けんむ》の新政が行われた室町《むろまち》時代、時の朝廷は、南朝と北朝に分かれ、朝廷の威信《いしん》は著しく失墜し、足利幕府が、建武元年（一三三四）に起こり武家政治の世となった。

戦乱の時代は、群雄割拠《ぐんゆうかっきょ》し強者は興《おこ》り、弱者は亡ぶ世相となり、戦乱は遠く関ヶ原の戦い（一六〇〇）の頃まで続いた。

丸目八郎は弱冠《じゃっかん》にして駿傑《しゅんけつ》、次第に頭角をあらわし、薩摩守から安芸守に叙《じょ》せられ、樺山安芸守丸目八郎と名乗ったといわれる。

各地の豪族は、一族の統率を強化し戦意向上の為に、守護神を定め信仰した。樺山安芸守丸目八郎は、意図《いと》するところあって、伊予国大三島に詣で、日本総鎮守大山祇大明神のご分霊を奉じて、鈴嶽に勧請《かんじょう》して鈴嶽大明神を一族の守護神と崇《あが》め、戦意の昂揚に資すると共に、河内郷の鈴嶽信仰を一層崇《たか》めるに至った。

大山祇大明神（現大山祇神社）は山の神である一方海神・渡航《とこう》の神でもあり、大三島大山祇神社三島宮御鎮座の本縁《ほんえん》は、全国一万三三二六社と言われる。全国神社祭礼総合調査の記録（一九九五）の三島大山祇は七〇四社の総本社とされている。

宇佐神宮のご神霊を勧請《かんじょう》

樺山安芸守丸目八郎は、尚も能《よ》くするところあって、豊前《ぶぜん》宇佐に鎮守の全国八幡総本社宇佐神宮に参籠《さんろう》し、ご神霊を奉じて、塚田河内の万山の嶺（現塚田神社）に勧請した。八幡神社の系統は全国各地にあり、八幡神分祀とされる七八一七社の総本社が宇佐神宮であり、明治元年（一八六八）神仏判然令を真先《まっさき》に順守した社系であるとされる。

丸目八郎は、塚田八幡大神を信奉し、戦神《いくさがみ》として、一族の武運振興を祈願した。

早馬様

益々隆盛《りゅうせい》した樺山安芸守であったが、晩年鈴嶽大明神に参籠祈願して名馬鈴澄号に乗って、塚田八幡大明神に至る途中病死したので、塚田八幡の境外に名馬と共に葬ったとされる。このことにより、地名を早馬崎というようになり、今日の地名となっている。

爾来《じらい》名馬早馬を祀る風習が生まれ、各地に早馬様として小祠を建て、牛馬の神として信仰するようになった。風野から大矢取に越える峠に祀られている早馬様は、石造りの立派なもので、風野村中、松八重、大矢の組中、加藤清右衛門、弥蔵の刻名があるが、建立年は不明である。

信仰が厚い風野大矢取り早馬様

塚田八幡大明神

島津氏は樺山安芸守の木像を塚田八幡本殿に安置して、太刀を奉納するなど神殿の造営維持にも力を尽くした。

伊東氏は建武二年（一三三五）祐持が都於郡《とのこおり》に城を築いてから、豪族割拠《かっきょ》し島津との争いは、永禄十一年（一五六八）まで、二十八年間の戦いで、漸く伊東が飫肥を領有し、義祐は日向全部を統轄《とうかつ》することとなったが、元亀三年（一五七二）木崎原の戦いで、島津に敗れてから劣勢《れっせい》となり、天正五年（一五七七）豊後の大友宗麟を頼り一族と共に敗走した。

天正十五年（一五八七）豊臣秀吉の九州征討《せいとう》の功により、伊東は待望の飫肥を安堵《あんど》されるに至った。

その後島津と牛ノ峠の境界争議が発生、山論は寛永四年（一六二七）から延宝三年（一六七五）まで四十八年間続き、幕府の裁定で飫肥藩の勝訴となった。

伊東になってから、塚田早馬大明神に島津が安置していた島津の武将樺山安芸守の木像を廃《はい》棄《き》して、飫肥田ノ上八幡大明神の末社に位《くらい》し、塚田八幡大明神と称し神殿を再興した。

尚、神領田五反五畝を寄進し、司《つかさ》に田ノ上氏《うじ》を封《ほう》じたといわれる。

塚田《つかだ》神社（旧村社）

祭　神　大山祇命《おおやまつみのみこと》　天御中主命《あめのみなかぬしのみこと》の
　　　　磐土命《いわつちのみこと》　大直日命《おおなおびのみこと》
　　　　底土命《そこつちみこと》　大綾津日命《おおあやつひのみこと》
　　　　赤土命《あかつちのみこと》　中筒男命《なかつつのおのみこと》

鎮座地　日南市大字塚田字東
　　　　　　　　　　二七三七番地

例祭日　十一月十五日

社　殿　本殿（流造）　九坪
　　　　拝殿（入母屋造）一二坪

境内坪数　二、六二五坪

創立年月日　不詳

由緒沿革

勧請の年月は明らかではないが、所蔵の棟札に天正十一年（一五八三）大檀那藤原忠広……大願主鎌田丹後守、云々とあり、飫肥城主島津忠広が、伊東義祐（三位入道）と戦いを繰り返していたころ、島津の支将が再興したものとみられる。また旧称を早馬大明神といい、地区古老の話によると、当社境内を万山の嶺と称していた。島津の支将、樺山安芸守が榎原村字大窪の女鈴山（標高七四一メートル）に鎮座する鈴嶽神社に参籠祈願し、名馬「早馬」に乗って塚田村に至る途中病死したので、塚田神社境外に葬った。この故事にもとづき、ここを早馬崎といい、お宮も早馬大明神と称していた。島津氏が支配していた時代は、樺山安芸守の木像を本殿に安置し、太刀を奉納するなど、神社の造営、維持に当たり、伊東氏になってからも神領として田五反五畝余を寄進して来た。明治四年塚田神社と名を改め、塚田百六十戸の総氏神として崇敬されている。

（「宮崎県神社誌」より）

第十四章　子産瀬滝の由来

子産瀬滝

神霊の子産瀬滝

古老の口伝によれば、こぶせ滝の元名は子産瀬滝《こむせ》であると言われている。

その語源は鈴嶽の神が禊《みそぎ》をされた滝であり神霊の宿る滝とされ、御子神八神を聖誕されたとき、産湯をつかわされた滝であることに由来するというのである。

子産瀬滝の元名の解析に字源の研究権威者・白川静著『字統』を引用すれば、「子」は生まれ子の象形で、子の字は両手を広げて直立している神の子の姿であるとしている。即ち、鈴嶽の八神聖誕も神子の意であり、理にかなうと言える。

産は、文・厂・生の象形で、文は「あや」霊も「あや」であり、神の加入儀礼としての神の文神（分身）であることを示す。厂《かん》は、額顔《ひたい》であり、体を表す。生は、草木の生じて土上に出づるを象《かたど》る、即ち生まれるの意なり。

生後の分身を「アヤコ」または「ヤヤコ」というは、右に述べた霊《あや》であり、神霊の宿るところとし、幼児を抱きかかえ揺りうごかして、愛撫することを「アヤス」というのも、同義であるといえる。

生まれた子供の額に女の子は「文」、男の子は「彦《げん》」の文字を朱書する習俗は、神の分身であることを表す儀礼である。

彦は産と等しく、文・厂・彡の象形であり、彡《サン》は分身の、美しいことを示すもので、「アヤ」とも音ずることから分神の儀礼を終えたものを彦というのである。

従って、日本人は、生まれながらにして、神の子であるとされている七歳までは神の子の言《こと》葉《わり》もあり、七五三の詣も神社に参拝する。

山岳信仰の子産瀬滝

日本の信教（宗教を信ずること）は、大自然の織りなす森羅万象を「カミ」と呼び、豊穣をもたらしてくれた「カミ」をもてなし、また荒ぶる「カミ」を畏れ鎮めた。大いなる鈴嶽も、子産瀬の滝も、赤池の滝も滝壺も全てが、神そのものであるのである。

人は神と一体となることを願って、深山幽谷に入り、滝や窟《いわや》に籠もり、各地の険しい場所で難行苦行をするようになった。役小角《えんのおづぬ》を開祖とする教法は、後に真言宗、または天台宗に基づき、山中で修行する山岳信仰と仏教の日本独自の神仏習合の宗教体系が生まれたのである。

山伏宗は、般若心経を経典とし、頭巾をかぶり、鈴懸けを身にまとい、法螺を吹き、笈《おいばこ》を負う、白装束の独特な衣鉢《いはつ》である。

子産瀬滝は滝壺の西壁は、全面窟になっている。窟内から上部を見上げると、岩盤が覆いかぶさっているここは修験者達の格好な、窟修行、籠居の場所である。修験者は峯入り苦行として鈴嶽の山頂を速駆縦走し、赤池滝で滝壺に投身、入水して身命を賭して、即身成仏する滝行もあったであろう。

このような行法を捨身求菩提《しゃしんくぼて》と呼んだ。

鈴嶽を巡る行場は、水垢離《みずごり》や、護摩焚き、祈祷礼拝のあらゆる行を行う格好の修験道場であったといわれる。

河内地方の山伏修験については別項（三四頁）で詳しく述べた。

近世代の子産瀬滝

大和時代六世紀（五三八）仏教が百済から伝わるが、奈良時代（七五二）には東大寺の大仏が完成し、仏教の布教と共に、民衆的な宗教仏道が普及し、仏像もまた、如来・菩薩・明王・天等に分化し、各地に安置され、信仰するようになった。

子産瀬滝の仏像は、農業の神、水神信仰と子宝信仰など、神仏の信仰が高まり、仏像も寄進されるようになった。

子産瀬滝の仏像については、吉田常政氏の貴重な調査記録があり、借用することにする。

滝壺の西側は覆いかぶさった岩壁になりその壁下に三つの観音祠堂が建てられている。

そして「慈母観音」とその他の一体を安置した一番大きな祠堂前に、標識が立っている。その標識には、

- 正面に ――――― 慈母子宝観音堂

・右側面に――――石鎚山堂
・左側面に――――馬頭観音堂
・裏面に――――昭和五十三年七月之建
とも書かれ、三祠堂本尊の説明がしてある。

慈母・子宝観音

この祠堂には「二体」の仏像が安置してある。一体は、「慈母子宝観音」で、高さは、仏像約四十センチ、台座約二十五センチ、さらに台座前に「香華台《こうげ》」が、台座と同じ高さの石造で置かれている。膝下《しっか》の座の部分は「竜」が下部に頭と首、上部に尾体部が画かれ雲を呼んでいる。花冠の飾りは、繊細な細工が加えられ、一般の「慈母観音」には余り見られない、右手に三鈷鈴《さんこれい》、左手に花枝を持っているのも、「慈母観音」としては珍しい。しかしどうみても慈悲深い「慈母観音」であり、滝の竜神が守護している状態を表現したものとしか思えない。

この石仏は、一見石膏像に見えるが、塗装であり、白・赤・紫色の彩色像である。これは、別祠堂の「牛頭仏」も、石膏性の色彩を帯びており、この二体は同一人の作であり、以前は並列していたのかも知れない。観音像の台石には、長尾寅吉、古沢金一郎、井手ミキの三名の氏名、大正五年七月の日付も入れてある。また「香台」には、昭和五年三月二日、鈴木太三郎の氏名が記されている。

奉修――般若心経法・国家安穏・万民宝楽。裏面に、昭和参年六月十七日改修、願主古沢蓮光と記されている。

天保頃の記録として、「飫肥藩、宗門方請事覚書」に、西河内村（酒谷村）の山伏院号として、「古沢蓮光院」がある。この棟札にある「願主」「古沢蓮光」はその後継であろう。

小祠堂

慈母子宝観音堂

子産瀬滝の仏像

慈母子宝観音

像名は不明だが、祠堂の内外にはたくさんの像が祀られている。

馬頭観音堂

岩涯の水滴の落ちかかる昇り段を少し登ると「馬頭観音堂」である。祠堂も少し小さい。金箔の小さな「十一面観音」が安座してある。十一面の中央が馬頭観音であり、馬に乗った像である。台座ともで、約十五センチ位の高さである。棟札には、

一、十一面観音霊仏
一、燈籠一基、寄進　鈴木春吉
昭和参年六月　御縁日

と書いてある。前述した、「慈母観音堂」の「香台」寄進者が、「鈴木太三郎」となっている。古老の話では「馬頭観音」は、この「鈴木太三郎」さんが作ったが、その石造物は、盗難にあい現存していないという。

牛頭《ごず》観音堂

ここから更に上段に登りつめた所の小祠堂が「牛頭観音」である。この仏像も一見石膏像に見えるが、裏面に凝灰岩で、ノミ跡も荒く刻まれている。その特徴は、頭部の毛髪と牛頭である。毛髪は獅子の立髪のように高く、直線的にのびており、この像を特長づけている。どう見

ても「明王」が「神将」のようであるが、これは「蔵王権現」であろう。吉野「金峯山寺」の「蔵王権現像」とそっくりである。毛髪をはじめ右手を肩に上げ「三鈷」をにぎっていること、右脚を曲げ、左脚を少し伸ばしているところなど、殆ど合致している。この「蔵王権現像」とは修験道独自に案出された尊像で、修験者の「守護神」として礼拝されていると伝えられている。また、頭髪部に「観音像」が刻まれており、これが本尊なのであろう。なおまた、牛頭が膝下に描かれておることから、「牛頭観音」と呼ばれている（以上吉田氏調書による）。

日本人と仏像

仏教は釈迦の教えに依り、「仏の智慧と慈悲は、広大無辺であり、それは、普《あまね》く人々に降り注ぐ」の信仰は、仏像を造り、各所に安置して、礼拝することによって人間と仏の融合、いわゆる「凡仏一如」を願うようになった。子産瀬滝の仏像も、滝そのものの信仰に重ねて、身近なご利益を願って、「慈母観音」「子宝観音」「馬頭観音」「牛頭観音」像を建立して、信仰の対象としたのである。

観音菩薩像

観音菩薩は、観音像と呼ばれ、慈悲の仏として、広く親しまれ、崇められている。

観世音菩薩《かんぜおんぼさつ》の、「普門品《ふもんぼん》」「観音経」の中に、観音は、「施無畏者《せむいしゃ》」と定義されている。「施無畏者」とは、怖いことや、災いのない状態を人々に施してくれる者という意味で、観音経の最後の部分には、「念被観音力」という言葉がある。これは観音経を一心に念ずれば、観音様の偉大なパワーで、あらゆる病気・天変地異・およそ人間に降り掛かってくる、災難のすべてが防げ救われると説かれている。

観音様の姿が、母親のように、女性的であるのは、観音仏の慈悲を表し除災招福のありがたさを表しているもので、三十三の「応現身」は人々の祈請に合った姿で救ってくれる姿なのである。このほかに観音菩薩は、衆生の求めに応じて、慈母観音・子安観音・子宝観音・竜神観音・馬頭観音など、さまざまな姿で救済することを本願とする菩薩となったのである。除災招福のありがたさと、母親のようなやさしさは、女性の信仰者が多くなり、奈良時代から平安時代に都から地方へと急速に広まって、観音菩薩像は他のすべての仏像を合わせた数よりも多いといわれる。

慈母・子宝観音

女性にとって、お産は大変な難事であった。子宝に恵まれることと、安産を願い、産後は母子共に健康を願って観音様のご慈悲にお縋《すが》りする信仰は、衆生に深く根付いていったのである。

馬（牛）頭観音

観音様といえば、女性的で穏《おだ》やかな顔で、観音の慈悲そのものを表しているが、「馬頭観音」だけは例外に、仁王のような怒った顔・鋭い「キバ」、おまけに髪が逆立ち、「憤怒相《ふんぬそう》」をしている。怒りによって、人々を目覚まし、正しい道に導こうという性格が強く表現されているのが特徴である。

昔は農耕・運搬・旅の交通手段に牛馬は重要であったため、農業と旅の安全を守ってくれる仏としての信仰が厚かった。馬頭観音像が、路傍や牧場に祀られているのは、そのためである。

竜神観音

水神は、蛇や竜として、具体的な形をとることが多く、農耕の神として信仰が厚く、用水路の取水口や溜池など、生活用水の井戸や井の子の多くには水神や観音像が祀られている。子産瀬滝の慈母子宝観音像も、竜と雲を合体した観音像である。

子産瀬滝の信仰

滝垢離《たきごり》の祈り、子産瀬滝には、さまざまな信仰があった。山伏宗の荒行の伝統である、滝に打たれての滝垢離がある。滝に打たれて、「般若心経」を唱えながら、全ての執着を離れて、空の境地、無の心境に至り、総ての煩悩を去ることにより、心身共に健全となることを祈る行である。

古くは縁日の旧暦十一月二十七日には、滝垢離をする参詣者が、あとをたたぬほどであったという。

子宝安産の祈り

出産は嫁にとっては、家の跡継ぎを産むという、重大な責務であった。昔は、「三年子無きは去る」の掟があり、子供が生まれなければ離縁になった。子宝に恵まれることは、一家の繁栄であり安産は一家をあげての祈りであった。出産が近づけば、子産瀬滝さまに参拝して、安産であるように、産後のひだちがよいように、生まれた子供が健かな生長も合わせてお祈りして、滝水をいただいて妊婦に飲ませるものであった。

農業用水の祈り

さきに述べた、雨乞いの祈り同様農業にとって、水は命であった。二月頃田起《たおこ》しが始まる頃には、今年も水の恵みがありますように、子産瀬滝に参詣し、竜神様にお祈りをして、滝水を器にいただき、各自の田畑に注ぐ風習があったという。旱魃には雨乞いの祭祀が各地から参拝し祈願された。

牛馬の安産の祈り

牛馬は農業の重要な働き手であり、家族同様の動物であった。その繁栄と安産は、身内同様に大切にした。牛馬が孕《はら》めばよい仔馬・仔牛が生まれるように、安産であるように、子産瀬滝に参詣して、馬頭観音様にお祈りして、滝水をいただき、我が家の牛馬にあたえたという。

子産瀬滝の伝説

日南市と日南市観光協会が昭和五十六年八月に、小布瀬滝観光休憩所に建てた小布瀬滝伝説の標記がある。

「碑文
今から二〇〇年前ある継母が先妻の子を殺害せんとして、この滝の上に連れて来て突き落したのであるが、知らぬ間に子供が自分の腰紐と継母の腰紐とを結んでいたので二人とも滝壺へ転落死した、このとき小布が枝にひっかかり残っていたので人々はあわれと思い『小布瀬の滝』と呼ぶようになったのだと伝えられている。
」

こぶせ滝の地名

こぶせ滝の地名は時代と共に変化している。『日向地誌』（平部嶠南）には古布瀬とされ、山之城民平遺稿集』にも古布瀬等、古文書は全て古布瀬である。一方、明治以降の公簿は小布瀬となっている。

地名はその時代の事象、伝説、伝承等で、変化することもあり得ることである。滝には、滝と竜、竜と蛇、鯉と竜等の他、滝と継子にまつわる民話は各地に色々な形で語り伝えられている。

小布瀬滝と同様、類似の伝説に福岡の求菩提山にも椎子落としという断崖があり、県内も小林市須木のままこ滝に伝えられる伝説は酷似である。

「読書甚解を求めず」という言葉がある。書物を読んでもその主旨を理解すればよい。よくわからないところを、無理にすみからすみまで解決しようとせず、わからないままにしておくのもよいという語義である。

小布瀬の地名も同意と解するもよしとするか。

第十五章　古代の地勢環境

宮崎県南部に関する地形の変革などについて『宮崎県史　通史編　原始・古代』の風土と自然環境を参考に記述する。

地殻の変動

宮崎平野は、約一三万年前以降全体として隆起している。隆起は特に南側で顕著で、百メートル以上もの隆起が発生したことなどがわかる。全体として南にいくほど汀《てい》線高度が高くなっている。約六千年前以降南の方がより隆起傾向にあると推定される。

後期更新世以降の隆起様式が、完成新世に入っても継続していることが読み取れる。更に南に向かうと、完新世の最高海水準期の旧汀線高度は次第に低くなる。つまり日南海岸北部で隆起量がもっとも大きくなっているらしい。日南地方も連動して同様の隆起があった。日南海岸の鬼の洗濯岩の傾きはその証《あかし》と言えないか。

南九州における二回の巨大噴火

姶良火山灰を噴出した姶良カルデラの噴火は、後期旧石器時代に於いて、日本列島で発生したテフラの中で最大規模の噴火であった。

噴火物が、非常に高温の火砕流堆積物から発生する激しい上昇気流に支えられて舞い上がり続け、偏西風の吹く対流圏の上の成層圏にまで達したと考えられている。その噴火物の体積は実に一五〇立方キロ以上と見積もられている。

屋久島や口永良部島の北方の海底にある鬼界カルデラと呼ばれるカルデラで発生したアカホヤ火山灰の噴火の年代は、放射性炭素年代測定の結果から約六三〇〇年前と推定されている。この噴火軽石の体積は約二〇立方キロで火口より北東方面に分布し、大隅半島の中部から宮崎市にかけてのラインより南の地域で認められる。

火砕流堆積物の中には炭化した木片も多く含まれており、体積域の植生を焼失させたと推定されている。

アカホヤ火山灰は、山形県月山《がっさん》以南の日本列島各地で認められる。

〔注〕カルデラ：火山の噴火後、火口が陥没してできた大きな窪地（例・阿蘇郡）

縄文海進とヒプシサーマル

県南の沖積《ちゅうせき》層並に沖積低地の調査記録が無いので、宮崎が調査した宮崎平野大淀川下流域沖積層断面図を参考に論説する。

ボーリングを基に調査された宮崎平野の海岸は今より山地にあった。最終氷期後半の亜氷期を過ぎた後、気候は温暖化に向かった。これに伴い主に河川により運ばれてきた土砂が河口付

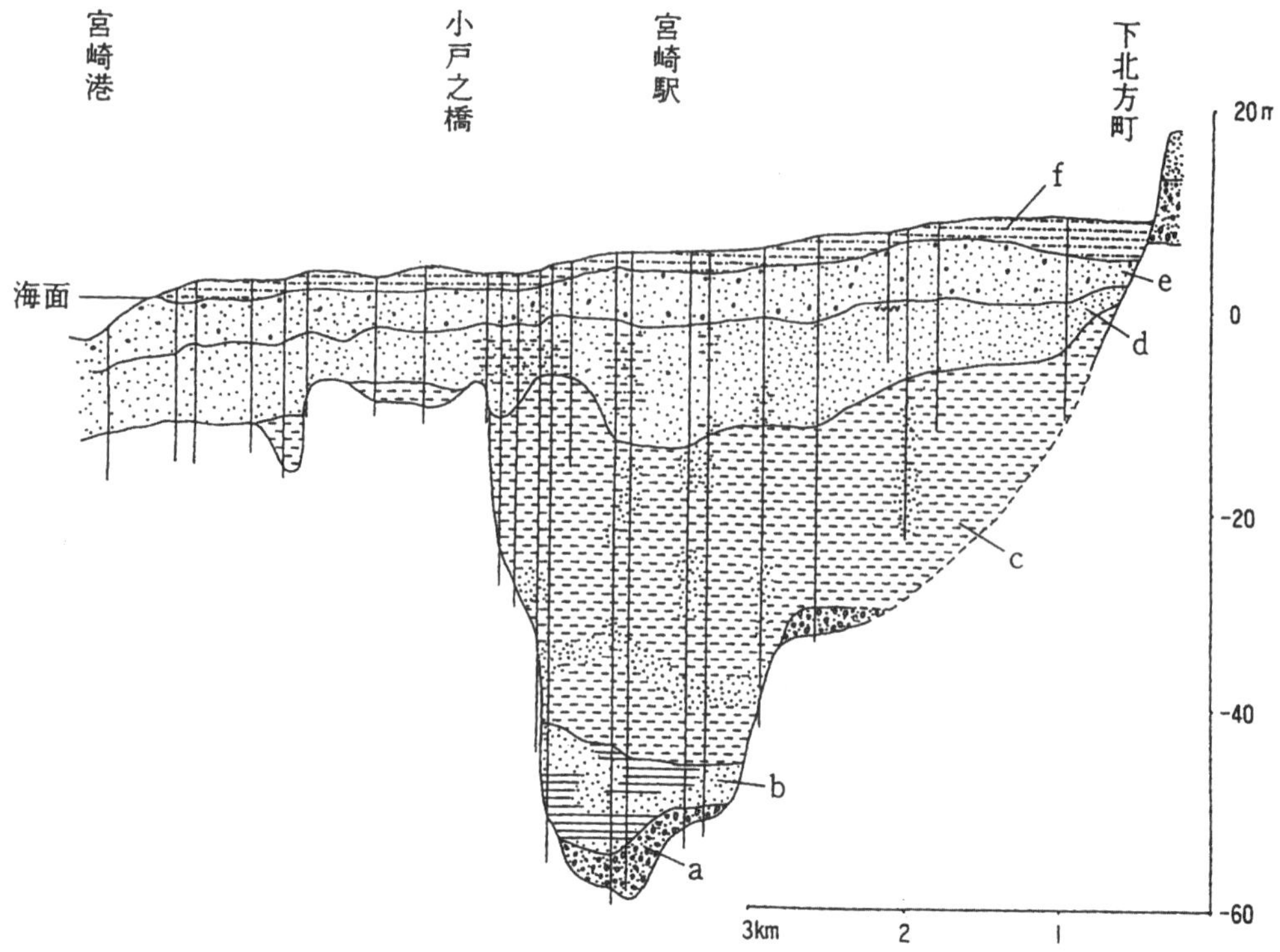

a：基底層、b：下部砂泥層、c：中部シルト層、d：中部シルト質砂層、
e：上部礫混り砂層、f：最上部層

大淀川下流域の沖積層の断面図
（外山、1982年に加筆）

近に堆積して地層が形成された。この地層は「沖積層」、またこの地層から構成される低地は「沖積低地」と呼ばれる。

海面は、約一万三〇〇〇年前頃までは変動をしながら僅かずつ上昇を続けた。その後海面は温暖化に伴い上昇速度を増した。遂に現在の海面よりも更に二〜三メートル高い所まで達した。これを縄文海進と呼んでいるが、とくに気温が高かった約六〇〇〇年前を中心とした三〇〇〇年間は高温期の意味でヒプシサーマルと呼ばれている。

ボーリング資料は、最終氷期後半の低海面期に形成された粗粒の礫《れき》を含む基底礫層の上位に形成された沖積層の構造が読み取れる。

沖積層は、下位より下部砂泥層・中部シルト層・中部シルト質砂層・上部礫混じり砂層・最上部層に区分される。尚シルトとは粘土の間のこまかさを有する粒子である。

平地の地底形状

沖積層の基底面の高度分布からは、最終氷期後半には深い谷地形を形成していたことが判る。下部砂泥層は暗青灰色の河成《かわなり》の湿地性堆積物で、この泥炭層の放射性炭素年代測定の結果から、最終氷期終末の堆積物であると考えられている。

中部シルト層は、暗青色のシルト層から構成されており、貝化石や植物片等が含まれ暗青灰色を呈し、貝化石を多く含む。

特に中部シルト質砂層の直上に火山砕屑物《さいせつ》の堆積が認められるが、これは約六三〇〇年前の鬼界アカホヤ火山灰の堆積に伴って引き起こされた河川流域の荒廃に伴う洪水の発生などを示唆《しさ》している。

これら中部層は、縄文海進時の堆積物と推定されている。また上部礫混じり砂層は、層厚の扇状地性の河成堆積物である。但し下流域では、浅海性の堆積物へ移り替わる。

最上部層は、河成湿地更に砂堆上の風成堆積物である。

県南平地の考察

宮崎市に於ける地質ボーリング調査に基づけば、県南の平地も、宮崎市同様に最終氷期後半の亜氷期過ぎから、始まったものであろう。

約三万年前に発生した姶良カルデラは後期石器時代日本列島で発生したテフラの中で最大規模の噴火であった。その体積は一五〇立方キロと見積もられておる。

また鬼界カルデラと呼ばれる年代は放射性炭素年代測定で約六三〇〇年前と推定されている。この軽石の体積は二〇立方キロとされている。

この他霧島火山・桜島火山・阿蘇カルデラ・雲仙火山等の火山が、一七〇万年前以降の第四紀を通じて盛んに噴火活動を繰り返してきた。このような噴火で大量の軽石や火山灰が放出され広範に堆積した。

一方気象の変化で豪雨洪水が繰り返され、堆積された噴出物は押し流されて、以前から在った山野・河川・樹木等が自然の形のままで埋没して、今日の沖積平地が形成されて、日南市・串間市の平地が出来たものと推察する。

埋没した地下の自然状態を知るには、平地に接続する奥地の地形を観察して想像すれば参考にはなるであろう。

天然記念物の猪崎鼻（宮崎日日新聞二〇一三年十一月十六日報道）

猪崎鼻は多種多様な堆積物が岩石化したものや、化石を一カ所で見ることが出来て、日本列島がどのように出来たかが分かる国内でも珍しい場所として地質学者に知られている。

日南市油津と大堂津の間に位置する猪崎鼻は、四〇〇〇万年～二二〇〇万年前に、深海に堆積した地層が地質変動で地上に隆起して岬となった。質の違う砂岩と泥岩が互い違いに重なり合う「日南層群」で構成されている。

天然記念物に相当すると評価されたのは、多数の堆積構造や化石が間近に見られ、当時の海底の様子や地盤の変動の歴史を知ることが出来る点。

土砂が流れて削られた海底に砂が溜まって出来た「フルートキャスト」は大きく、保存状態も良い物が多く残されている。

砂が積もって固まる前に水流が上方へ噴き出して地層が乱れた「コンボリュート構造」や、

堆積した砂の脱水作用で水が上方へ移動して出来る「皿状構造」もみられる。
またウニが這った跡や生き物の巣穴ノ跡などの「生痕化石」も分かり易い状態で観察出来る。

縄文時代の自然環境（『考古学を知る事典』熊野正也、堀越正行著 参考）

地球の温暖化

最終氷期、最寒冷期の約一万八〇〇〇年前を過ぎると、地球規模で気候が温暖化していった。約一万五〇〇〇～一万年前は晩氷期と呼ばれ気温は徐々に上昇し、その結果植生の移動と海面の上昇をもたらした。

この環境の激動期であった晩氷期こそ、日本で土器の使用が始まり、植物を主食化した縄文時代の始まりの時代であった。

森に被われた日本列島

花粉分析によると、一万二〇〇〇年前の気候の変化で、針葉樹林に代わって、落葉広葉樹林となり、更に照葉樹林に代わるのが六〇〇〇年前代、内陸部でも五〇〇〇年代というから、この状況は西日本の大部分に適応出来る。

森林地帯が北上し、現在に近い動植物の豊かな森の列島になった。

縄文時代の年平均気温

年平均気温は現在に比べて、草創期は一万年前で二～三度低く、早期前半は八〇〇〇年前で一～二度低く、早期後半・前期はやや高く現在と同じ程度になったと考えられる。現在とほぼ同様の四季の季節変化は、この縄文時代に始まったと言われる。

海進と海退

約一万年前以後を後氷期海進という、後氷期海進を今では縄文海進というのが一般的となっている。

約一万年前の海面高度は、マイナス四〇メートル、約八〇〇〇年前でマイナス三〇～二〇メートル、約七〇〇〇年前でマイナス五～一〇メートル、約六〇〇〇年前でプラスに転じて二～三メートル、その後は四〇〇〇年前代の中期の小海退、三〇〇〇年前代の後期の小海進二〇〇〇年前代の弥生の小海退など一進一退しつつ現在に至る。

縄文時代草創期・早期はマイナス、前期はプラス、中期以降はほぼ現在の海面高度近くということになる。

火山活動による民族の移動

約六四〇〇～六三〇〇年前（早期）鬼界カルデラで、縄文時代最大の爆発があり、火砕流堆積物は薩摩・大隈半島にまで達し、アカホヤの名で呼ばれる火山灰は、関東地方まで降り注いだ。

この外大小の噴火は永年に渉り夥《おびただ》しく繰り返されてきたが、姶良・鬼界の二大噴火の想像を絶する巨大噴火噴石物は、南九州の人間を始めあらゆる生物が超長期に渉り生存出来なくなった。従ってその期間の堆積物の中には遺跡は皆無である。

アカホヤの直下からは、塞《そ》ノ神《かん》式という早期末の土器が出土していたのに、アカホヤの直上からは、轟式という北九州系の前期の土器が出土するようになることから、鬼界のカルデラの大爆発は、南九州地方が長期にアカホヤの土層に被われて、無人化してしまうほどの大災害があったと考えられる。

「因みに植生の回復は数百年の長期に亙《わた》ると言われる」こうして縄文草創期・早期に花開いた南九州独自の文化は壊滅し、自然回復を見た後、別系の人々が北九州から次第に南下し、移住したと考えられる。

日向国の縄文海進（『日本古代遺跡』宮崎重治著　参考）

右の編纂記録、縄文海進と砂丘の遺跡の記事に基づく、宮崎市内とその周辺の貝塚の発掘により確認された記録（抜粋）「宮崎市の縄文海進」によれば、大淀川河口から遡《さかのぼ》ること九キロ、相生橋付近から更に上流の宮崎市高岡町花見橋（現在の海抜一五・九メートル）、宮崎市高岡支所（海抜一五・六メートル。何れも宮崎市危機管理課調べ）まで海進であったとされる。

この高岡支所の川沿いに、高浜・浜子等の地名があることは曾《かつ》てはこの辺りが海浜であったことを意味するものであろう。

県南には右のような貝塚などの調査は行われていないが、現在の海抜測定による日南市・串間市の防災マップを参考に、愚考・空論ではあるが、日南地区の縄文海進を想定してみよう。

県南四大河川と神話

宮崎県の南部日南市と串間市に、四大河川がある。その上流に古代海浜であったことを語る地名と、それに纏《まつ》わる神話伝説がある。

広渡川

源流を鰐塚山一一一八メートルに発する、県南最大の河川中流域の、日南市北郷町大字北河内宿野に、潮嶽神社が鎮座される。社名そのものも海洋に因んだものであるが、日本神話にも記される海幸・山幸物語が伝わる。

祭神に、火蘭降命《ほすそりのみこと》（海幸彦）・彦火火出見命《ひこほほでみのみこと》（山幸彦）を祀っている。

海幸彦・山幸彦は釣針の件で争われて、満潮の時磐舟《いわふね》で到着この地に上陸されたとある。釣針の争い事から、この地方では縫針の貸借を禁じる風習が伝わっている。

尚、崩御されたあと葬ったところを潮塚と呼んでいる。

酒谷川

源流を鈴嶽・男鈴山七八三・四メートルに発する広渡川分流である。上流旧酒谷村鈴嶽男鈴の嶺に降り賜うた大山祇の神が妃を求められた時、天つ神が東の海面を見よと宣《のたま》われた。旭光差し昇りし時、女神の船が現われ、大山祇神達が舫《もや》い綱で引き寄せた処を舟之元、綱を結んだ処を鈴舟石、元流の鈴平川から、出漁されたので鯛ノ子と名付けられた神話から地名になったとされる。

南郷川

源流は右の夫婦山鈴嶽・女鈴山七四一メートルに発し、山頂に鈴嶽神社が鎮座される。日南市大字大窪は、右の船之元から妃を小舟の舟橋で奉迎した故事から、小舟、舟橋、降り立たれた処を降《さが》り山と名付けられ地名になったといわれる。

南郷川の中流中講《なかこう》に鯛取の地名がある。

福島川

串間市の本流福島川は右の女鈴山に発しているがその中流の分流秋山川に、鯛取の地名があり、標高三六九メートル鯛取山は、榎原中講鯛取と秋山鯛取の分水嶺になっており、山には貝殻が見付かると古くから伝わる。

以上の地域は河川も標高一〇〇メートル程度の処であり、十三章古代地勢環境に述べた地殻変動と無関係であろうか。古代の隆起海進を想定し興味を抱くものである。

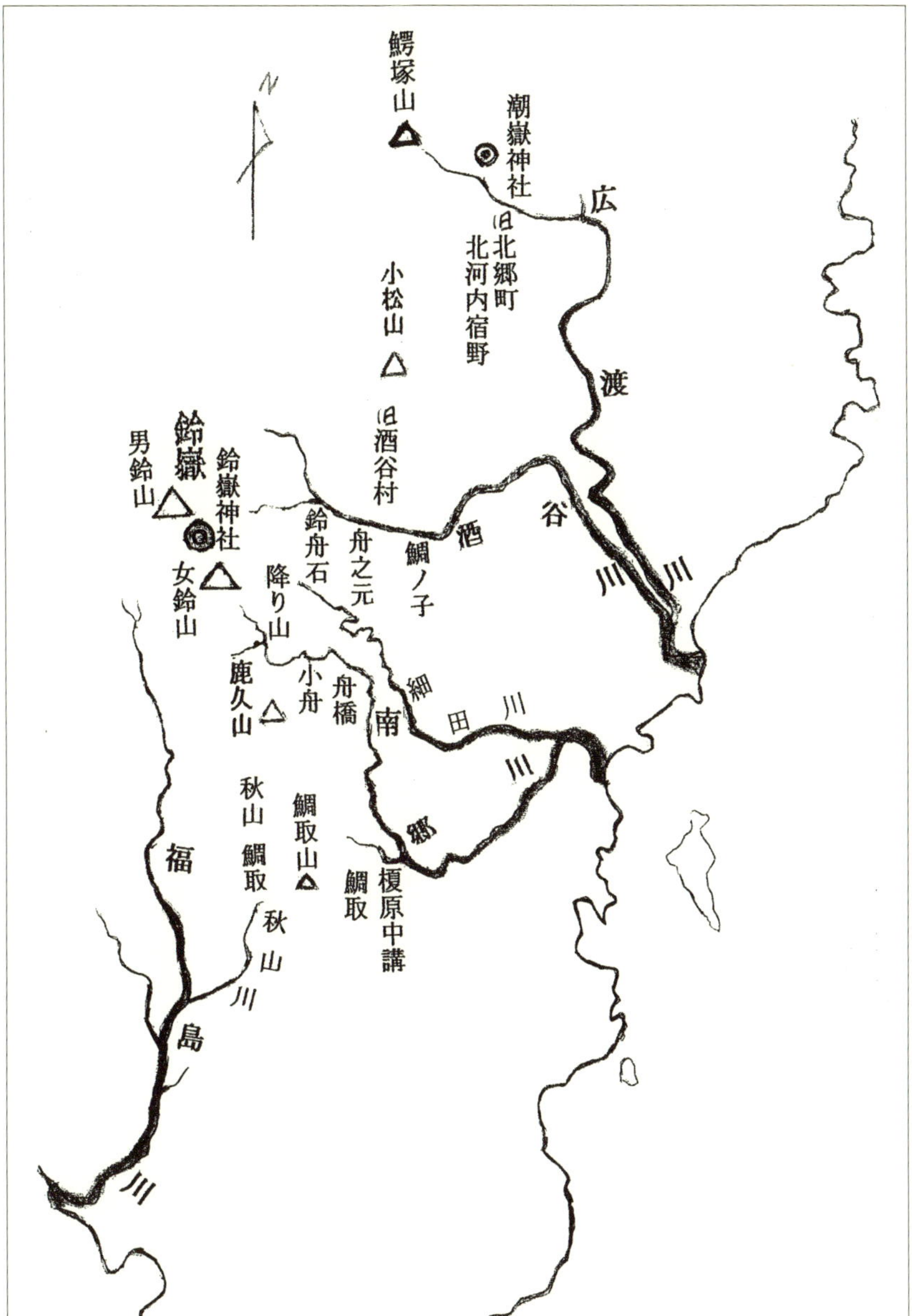

県南四大河川と神話地名

第十六章　地質学からの鈴嶽の成り立ち

鈴嶽の地質学（以下、宮崎県立総合博物館資料を参考に）

鈴嶽は、想像も出来ない古い時代に、幾多の地殻変動を繰り返しつつ、太平洋の海底から押しあげられて、男鈴山七八三・四メートル、女鈴山七四一メートルの秀峰を形成したのである。地質的には、砂岩・頁岩《けつ》からなる、四万十《しまんと》累層群の中の日向層群である。その日向層群のなかに、玄武岩が取り込まれている。低地では、日向層群の上部に、姶良カルデラが噴出した入《い》戸《と》火砕流堆積物（シラス）が見られる。

玄武岩

玄武岩は、新生代古第三紀に、地球内部でつくられた高熱のマグマが上昇し、冷却されて固まった火山岩の一種で、長石・輝石などから出来ている。

玄武岩は、新しいものは黒色だが、古いものは、中に含まれる輝石などの鉱物が変質して、緑色または赤色に変化している。

玄武岩を取り込んでいる地層は、新生代始新世中期のものであるから、玄武岩の生成はこの新生代始新世中期より更に古い時代とされている。

西ノ園・宿之河内市道の赤根から、西ノ園林道がある。その登りつめた六合目附近、男鈴山と女鈴山との谷間《たにあい》、鈴平谷（俗称平谷）に、赤根石といって赤い岩石を産出している。以前から、庭石などに珍重されて、採掘されている。これが、古い時代の玄武岩である。

枕状溶岩

男鈴山山頂部は、約二五〇〇万年から一五〇〇万年前の付加体（日南層群に衝上《しょう》する日向層群）の一部で、この附近では溶岩が深海底で噴出した際に形成される枕状溶岩が延長約三〇メートルにわたって高さ約一〇メートルの懸崖《けんがい》を形成している。

宮崎県内での枕状溶岩の露頭は、比較的豊富に見られるが、県南部では少なく、男鈴山のものは形跡も顕著で貴重なものであり、学習や観光資源としても価値の高いものと考えられる。

枕状溶岩の形成

現在、太平洋など、海洋底の基盤を作る岩盤は、この枕状岩盤なのである。

日向灘には、フィリピン海プレートが沈み込んでいる。このプレートの基盤岩が枕状溶岩である。大洋海底には海嶺《かいれい》と言われる海洋の火山脈がある。この海底火山で噴出した溶岩を枕状溶岩というのである。

男鈴山の枕状熔岩（日南市酒谷乙）
（県立総合博物館　白池図氏・赤崎広志氏の調査撮影による。
写真左上に見えるのは、両氏が調査時に残したピッケル）

深海で噴出した溶岩は、高圧の水圧のため水蒸気爆発をすることなく海水ですぐに冷却される。その結果、流れ出た溶岩の表面は、固くなり西洋枕に似た細長い枕状を形成する。

そしてドロドロに溶けた溶岩は、固くなった表面を突き破りながら、次から次へ同じような枕状溶岩の山が出来ていくのである。

そして、これらの海底の基盤をつくる枕状溶岩は、プレートの沈み込み付近で大陸側に一部が付加体として少し残り、この地上に姿を現したものが、男鈴山の枕状溶岩である。

赤根の地名の由来は、枕状溶岩や玄武岩で山の峯が赤くなっていたので、赤嶺《あかね》といったと伝えられる。

現在は樹木に覆われ苔生《こけむ》して、古代の容姿全貌の想見は困難であるが、現地の枕状溶岩絶壁の近景偉観は往時を偲ぶに充分といえる。

赤池の甌穴群

大東中河内大平川甌穴と
なめ橋付近

溶結凝灰岩《ようけつぎょうかいがん》

溶結凝灰岩は、二万八〇〇〇年以前に噴出した入戸火砕流堆積物（シラス）の下部の溶結したものである。

赤池の甌穴群は県南では唯一貴重なもので、観光・学習の資源としても意義のあるものである。

甌穴群は火山の噴火で流出した、火砕流（溶結凝灰岩）が固まって出来た岩盤を、水流と小石による摩滅の繰り返しで掘り込まれて甌穴が形成されるもので、現在も進行中である。

串間市大束中《なか》河内の大平川の河床の甌穴は、川流れの形に摩滅した十数条の溝渠が各所にあり、大自然のなせる妙技に驚嘆するものである。

砂岩・頁岩《けつがん》

砂岩・頁岩は、共に堆石岩の一つで砂岩は主に石英などの粒が水中に沈み固まって出来たもので、頁岩は泥や粘土が水底に積み重なって固まったものである。

日南地方では、砂岩を「すないし」頁岩を「なめっそ」と俗称している。

第十七章

河内の国
古代人の営み

鈴嶽界隈の遺跡 ―― 河内古代人の営み

我々河内の住人は、我々の先人先祖は、何処から出来《しゅったい》し、その様態は如何様《いかよう》なものであったか、誰しも興味を抱《いだ》くところであろう。

幸甚にも鈴嶽界隈《かいわい》の坂之上遺跡・前畑遺跡・大平遺跡・猪之椪《はえ》遺跡・三幸《みこ》ヶ野遺跡等々が、多数の賢人達に依って、発掘調査研究され、推理論纂《ろんさん》されたことに基づき、浅学な筆者にも、朧《おぼろ》げにも其の大意を体得し得たことは、誠に有為なことである。

旧石器時代とされる三万五〇〇〇年から一万五〇〇〇年以前の事象については論及しないが、縄文時代となる一万三〇〇〇年から二四〇〇年以前については、草創期・早期・前期・中期・後期・晩期を基調として、学理に基き結論づけられているようである。

南九州の草創期

ここに述べる草創期は土器や弓矢を使う石鏃《せきぞく》の出現から、約一万一〇〇〇年前の桜島薩摩テフラの降下及び堆積後の約一万年前辺りまでの時期を指している。

従って桜島薩摩テフラの下位の層からは草創期の遺跡、上の層からは早期にかけての遺跡が発見されている。本県などからは、草創期の遺跡が多いとある。

無遺物時代

桜島薩摩テフラの降下・鬼界テフラの降下、並びに堆積物の影響で、この間長期に渉り無草原裸地状態が続き、この地方に於いての人類の活動は堅果類への依存が困難となり、他方に移動していったといわれる。

照葉樹林の定着

この時代の後、陸上に於いては、シイ・カシなどの常緑広葉樹が全域に定着したとされる。

定着の始まり

植物食が縄文時代の食生活の基本的役割であることから、食の安定は定住の第一条件を満たすことになった。

南九州では、草創期に定住化現象が見られ狩猟を主な生業として、移動を伴っていた生活から定住生活への転換は、住居の構造・構築の発達・生活用具・煮炊き用の土器・食物を加工するための石器として磨石《すりいし》・敲石《たたきいし》・石皿、建築材を伐採するための刃部磨製石斧《じんぶませいせきふ》など、定住に関する道具類の出現がある。

竪穴住居跡

縄文時代草創期から早期にかけての遺構には、竪穴《たてあな》住居跡・集石遺構・炉穴《ろあな》・陥欠《かんけつ》などがある。竪穴住居跡は、早期の遺跡が多く遺跡は鬼界アカホヤ火山灰層の下に営まれており褐色土層・暗褐色土層などと呼ばれている層位にある。

早期の竪穴住居跡は方形に隅丸方形・時に楕円形・不整形が見られる。

縄文時代の人々の暮らし
（宮崎県考古学者・長津宗重氏画）

集石遺構

集石遺構は一定の範囲に礫《れき》が敷き詰められたように、全面に広がっており、その礫群を取り除くと集石遺構が現れる。もう一つは礫群が全面にはなく、散漫に分布し、その中に集石遺構が検出される場合がある。その殆どでは火を受けて赤変している。

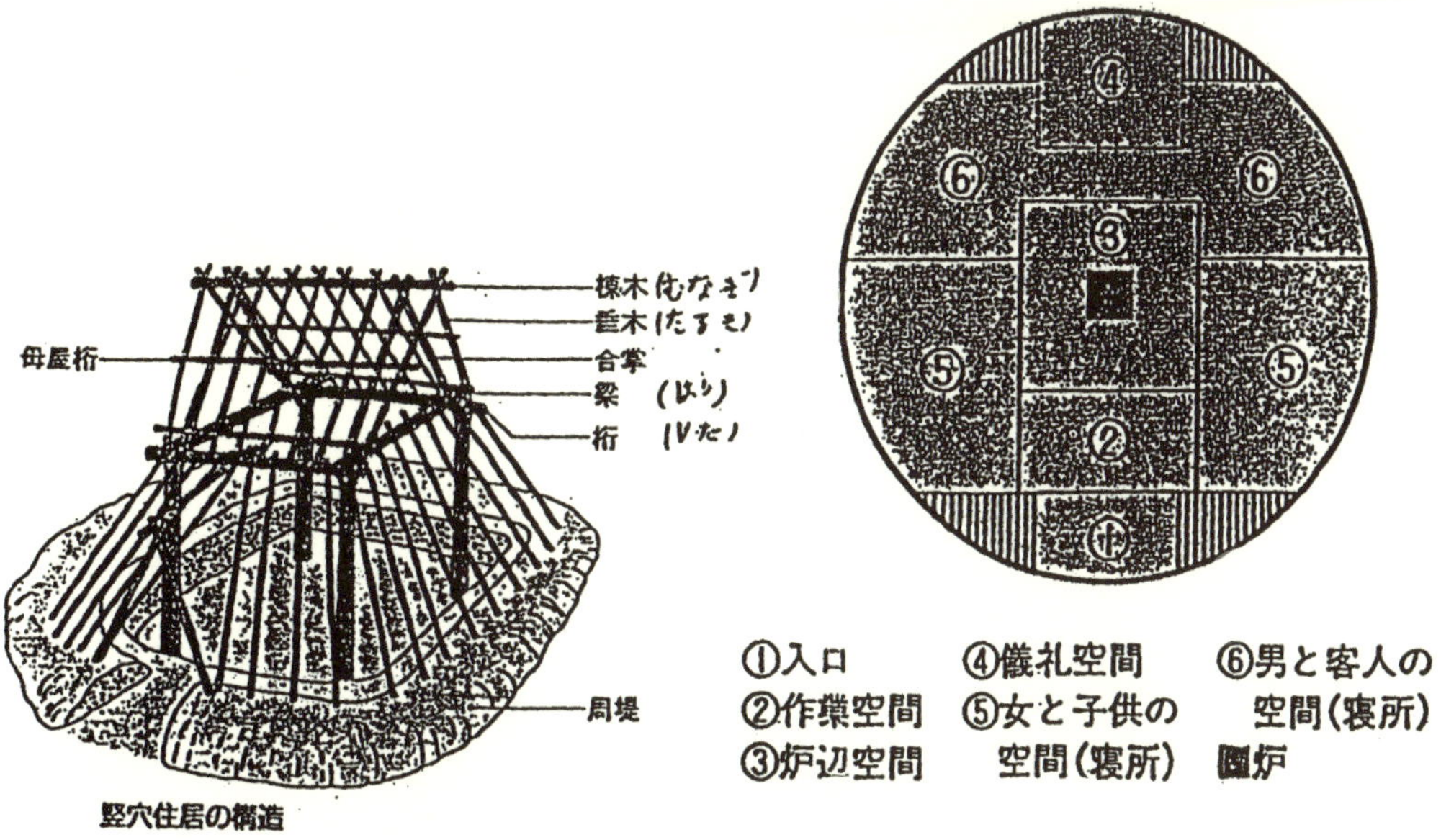

竪穴住居の住まい方の空間モデル
(宮崎県考古学者・長津宗重氏画)

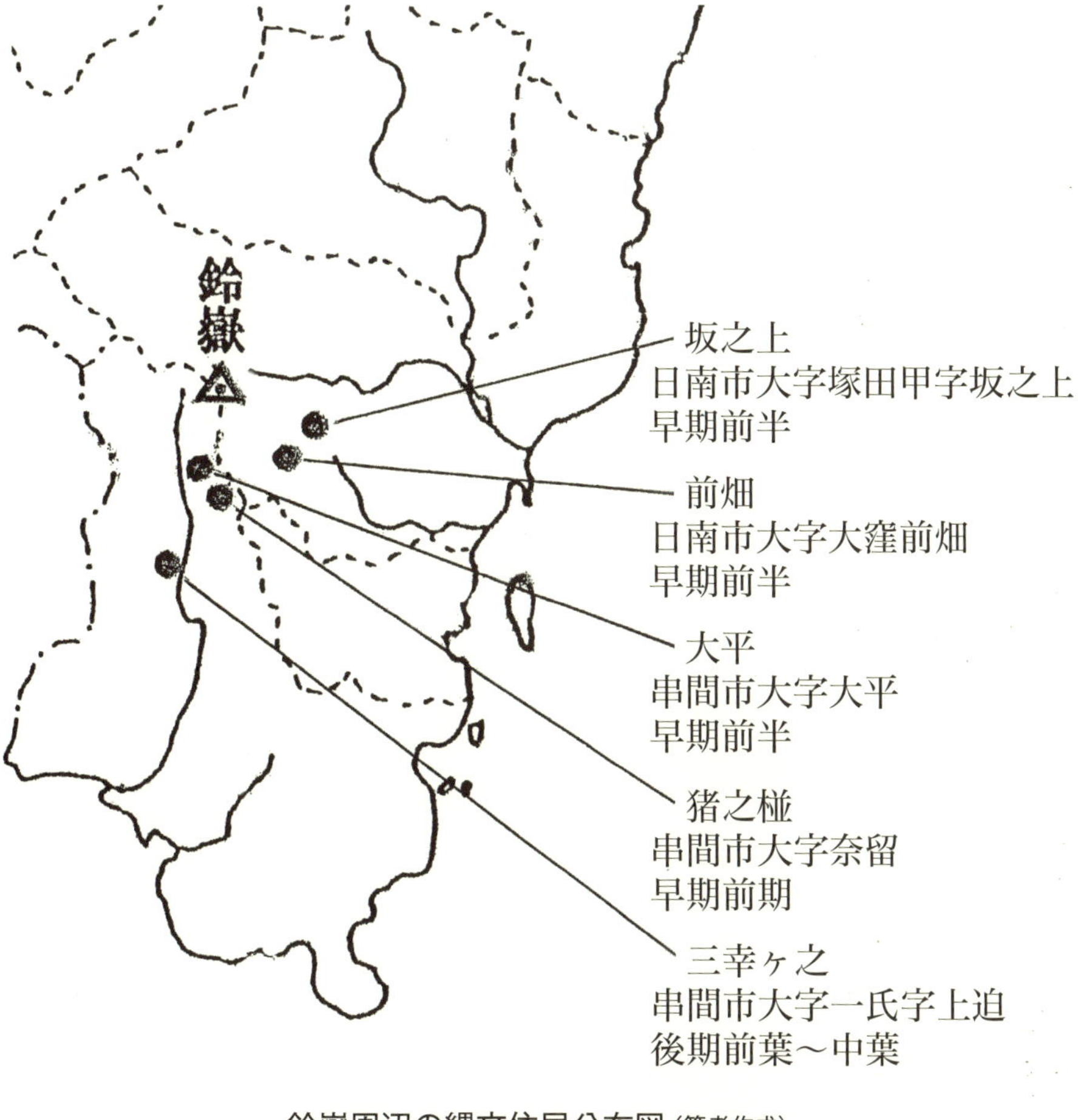

鈴嶽周辺の縄文住居分布図(筆者作成)

坂之上遺跡　日南市塚田甲字坂之上（上塚田）

坂之上遺跡のA区からは、縄文時代早期（九〇〇〇年前）の竪穴住居が九軒、集石遺構（石蒸し料理跡）が九基見つかった。

これほど多数の早期の住居が見つかったのは、県内では初めてで、高く評価されている。

また縄文土器は、一七〇〇点出土し、全てが早期の土器であり、貝殻文を施した「前平式」土器が主体で、ほぼ完全な石坂式土器も出土した。押型文土器は一点であった。

また円盤形土製品が六号住居などから出土しているが、早期のものは県内では初めてであるという。

石器は小形の磨製石斧《ませいせきふ》・石皿磨石《すりいし》（ドングリを磨潰《すりつぶ》す道具）などが出土した。

B区では二次調査中であるが、押型文・山形文の他打製石鏃《せきぞく》一点が出土している。

住居（別図参照）

三号住居が埋まった後に二号住居が作られ、九軒同時には建っていなかったと考えられる。縄文時代（八〇〇〇年から九〇〇〇年）前の村は二から三軒であるので、坂ノ上遺跡の村も二、三軒であったであろうと推定されている。

尚、縄文時代の住居一人当たりの面積は三平方メートル、ほぼ二畳分位と考えられる。また

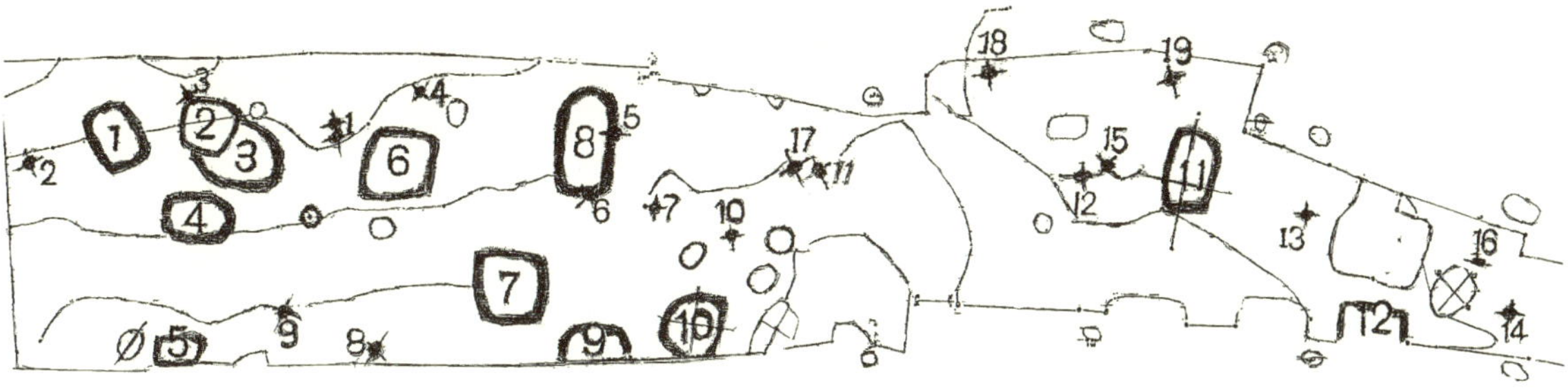

坂ノ上遺跡遺構分布図

○竪穴住居跡（前平式）　□竪穴住居跡（石坂式）　◆集石遺構

二号住居のみが石坂式土器で新しく、他の住居は全て前平式土器で古い等、坂ノ上遺跡は重要な遺跡であるとされる。

縄文時代早期の竪穴住居跡の平面プランは楕《だ》円形プランと方形プランがある。十二軒の竪穴住居跡のうち面積は楕円形プランの八号住居跡の四・七メートル×二・六メートルが最大規模で、三号住居跡もほぼ同時期である。

一方、方形プランの住居は、六・七号住居跡が一辺三・三メートルで、ほぼ完形の石坂式土器を出土した二号住居は一辺二・五メートルである。

二号住居跡は三号住居跡を切っている。また二号住居跡は三号集石遺構に、八号住居跡は五・六号集石遺構に切られている。なお二号住居のみが石坂式土器の時期であるのに対して、他の住居はすべて前平式土器の時期である。

集石遺構十九基のうち六基は押型文土器の時期で、他は前平式土器の時期である。縄文土器は貝殻文を施した前平式土器が主体で、円筒と角筒がある。またほぼ完全な石坂式土器も出土した。その上層で押型文土器も楕円形文と山形文がある程度出土している。

石器は打製石鏃が少なく磨石が多い。円盤形土製品は県内の早期の事例としては少ない。

以上のように、県内縄文時代早期の竪穴住居跡の事例は少ないので、竪穴住居跡二〜三軒と集石遺構数基で構成された縄文時代早期の集落として注目される遺跡である。

前畑遺跡　日南市大字大窪字前畑（寺村）

長禅寺跡の「アカホヤ」層より下位に、褐色と黒褐色を呈する二枚の縄文時代早期の遺物包含層が認められた。これらの層中からは、十五基の集石遺構が検出された。集石遺構には、構築面の高低と形態との相関が認められる。さらに基盤層である二次堆積シラス層上面で九基の土壙《こう》を検出した。そのうち三基は方形を呈するもので、床面に焼土面を有するものも存在する。土器は、全て貝殻文円筒形土器型式群に含まれるが、その中でも口縁部上端部に刻目を、以下に横位または斜位の貝殻条痕を施すものが多数を占める。

掲げた土器は、どちらも黒褐色土層より出土したものである。

なお、集石遺構のうち二基について、発泡ウレタン使用による切りとり移転を実施した。

大平遺跡　串間市大字大平（大平小学校）

石坂式・前平《まえびら》式・吉田式・塞《そ》ノ神《かん》式の縄文時代早・前期の土器が層序をなして確認され、さらに集石遺構の存在したことが報告されている。しかし本遺跡の標識土器である大平式土器については、学術専門的に発掘されなかった為に確かな包含層は明らかにされていない。

当遺跡の標識土器である大平土器は大小二種の器形があるが、ともに口縁部を文様帯とする深鉢形土器である。

内湾する幅広い口縁帯には鋸歯文を配した横線文や、W字状ないし山形に屈折する細線文を施文したもの、篦《へら》描きで線中に小刻みの波線のある短線を亀甲状に連続した特色ある文様帯を

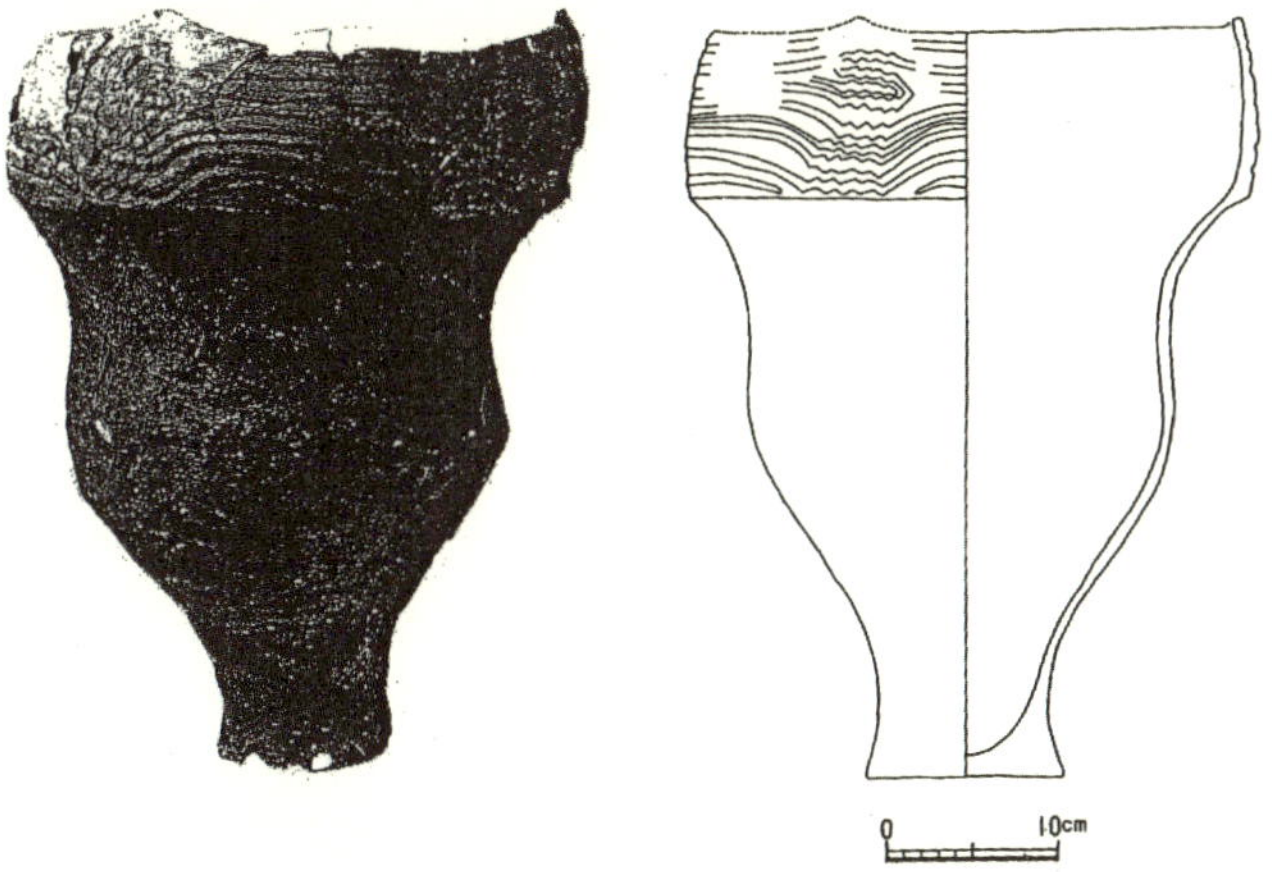

大平遺跡出土土器(1)

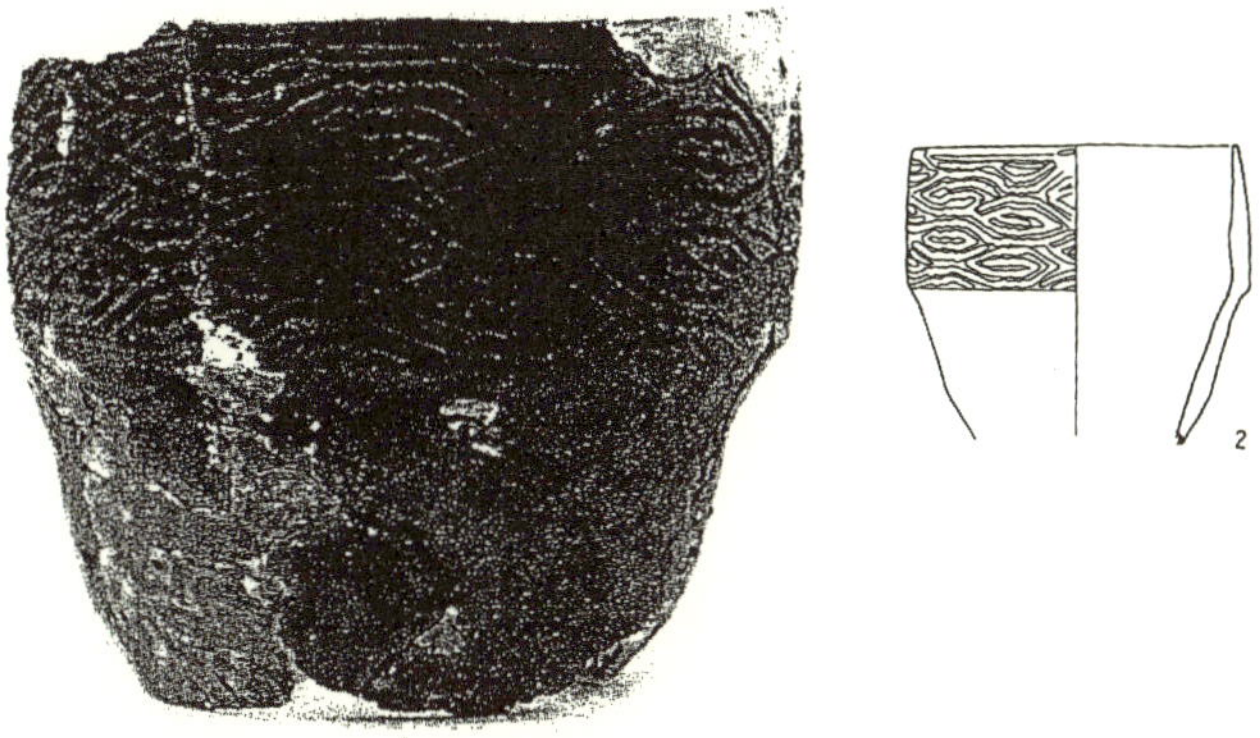

大平遺跡出土土器(2)

構成している。

大平式土器の出土例は少なく、これまでのところ、下弓田遺跡（串間市）尾立遺跡（綾町）で採取されているだけである。しかし、いずれも断片的であり、大平式土器の形態を示すものは大平遺跡出土品以外にはなく、いまだに、その編年的位置づけを断定するにはいたっていない。

猪之椪遺跡　串間市大字奈留

猪之椪《いのはえ》遺跡調査の結果、縄文時代早期の集石遺構が検出され、早期の土器群と前期の曽畑式土器、平安時代の土師器《はじき》・内黒土器・須恵器《すえき》・縁釉陶器《えんゆうとうき》などが出土した。

集石遺構は六基検出されたが、掘り込みを有するものは半数であり、特に六号集石遺構は最大規模で、焼石の総重量一〇二・二五キロは遺跡出土焼石総重量の六・一％を占める。

集石遺構は標高八一～八一・二五メートルのAグループ四基と標高八一～八一・七五メートルのBグループ二基に分かれるとともに、焼石の分布がK―5を中心とするグループとC―9を中心とするグループに分かれるのは、土器の分布に対応しており当遺跡の時期や性格を考える上で示唆的である。

三幸《みこ》ヶ野遺跡（串間市一氏三幸ヶ野）串間市大字一氏字上迫

〔遺構〕

A地区――竪穴式住居十八軒、集石遺構十基、配石遺構一基、土壙《こう》五基（住居跡内の中央土壙は除く）

B地区――縄文時代後期の遺構は、竪穴式住居跡三十軒、集石遺構九基、配石遺構一基、土壙八基。

〔遺物〕

縄文土器片・磨石・石皿が良好に出土した。

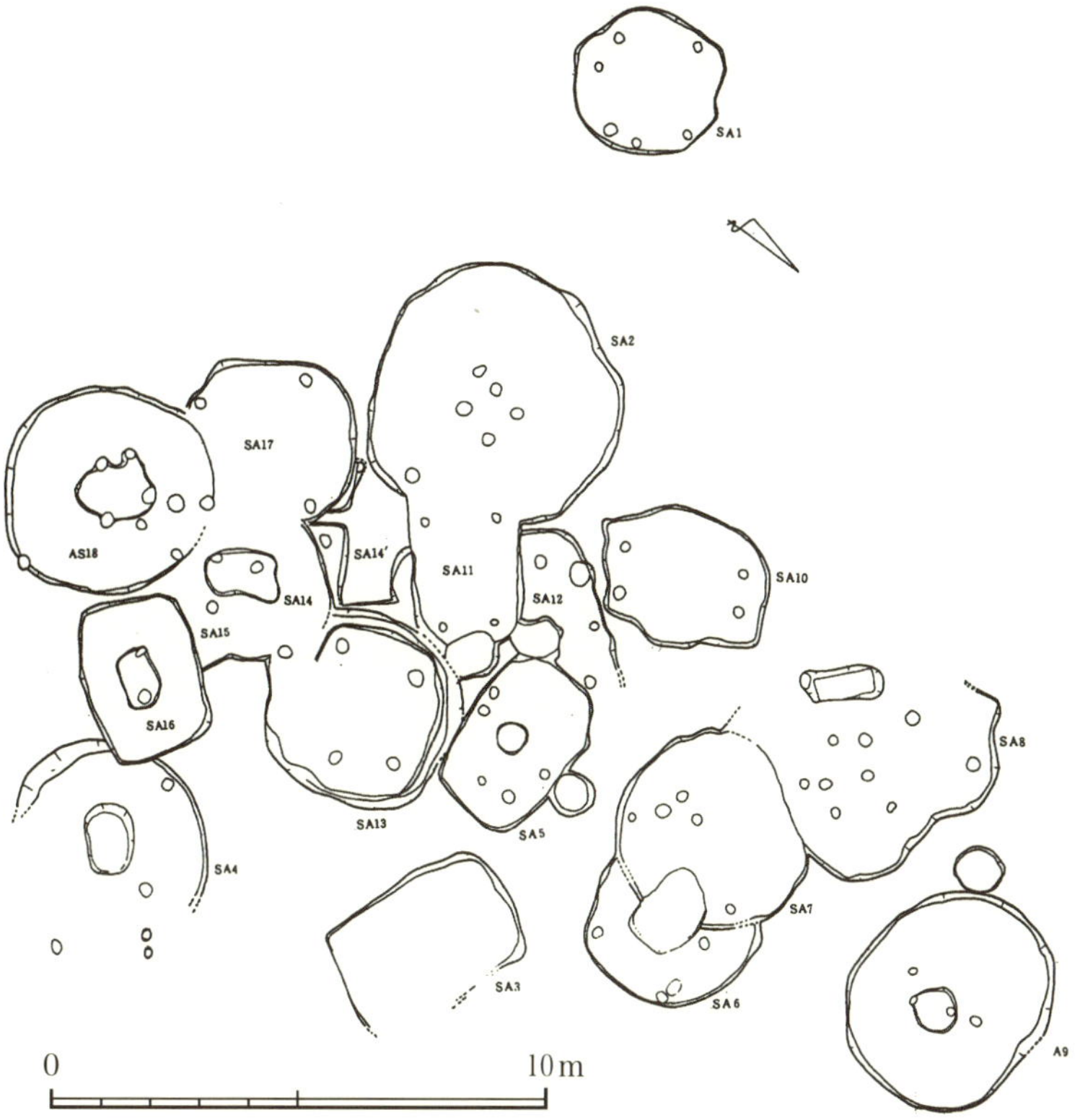

A地区竪穴式住居跡分布図

A地区では検出された住居跡のほとんどが切り合っているのに対し、B地区では切り合いはあるものの、わりと全体的に分散しているようだ。

住居跡の規模は長軸が二・五メートルのものがもっとも多い。全体的に検出面からと床面までが浅いことから掘削された可能性がある。

住居跡の形態は方形プラン十四、円形プラン五、不整形プラン九である。また石鏃などの狩猟などに用いるものは数点なのに対し、石皿・磨石などの調理用の石器がめだった。

第十八章　縄文時代文化

縄文人と土器

土器の出現によって縄文時代のはじまりとする意見が多い。それは土器が果たした役割に高い評価を与えるためである。

本格的な煮る文化のはじまりであり、食生活の革命と言われている。土器には日常用の土器と非日常の土器があり、精巧な装飾を施したものは、祭祀に用いたものとも思考される。

土器は時間の動きとして、社会の動きがわかり重要なものとされる。同じ顔つきの装飾の土器の使用は、日常生活における強い結びつきをもった集団の範囲を示し、同型式土器の分布圏を部族集団の範囲とみることとも出来る。

縄文人の主食は植物

縄文人の主食は、種実類や、根菜類を中心とした植物であったろうという見解は、定説となっている。

それは根菜類や種実類の多くがデンプンを効率よく含み、身近に多く採取出来て、主食の条件を持っているためである。貯蔵が出来て、後の時代の穀類や芋類に匹敵する主食の条件を持っていることでも判る。採取が老若男女を問わず容易であることも優れた条件であろう。

木の実の食用と貯蔵

縄文時代の基幹食料の、高脂肪・高蛋白《たんぱく》型の木の実は、栄養価の高い食品だけに、価値ある食糧であった。

西日本特に南九州の照葉樹林地帯には、椎・樫《かし》のブナ科の樹木が多く、生《なま》の儘《まま》食べられる。スダジイ・ツブラジイ・マテバシイ・イチイガシがあり、水晒《さら》しだけで食用になるアラカシ・シラカシ・ウラジロガシが豊富であった。

木の実はアク抜き不要なものは生でも食べられるが、煮出しだけで食べられ、水晒《さら》しの必要なものは、磨《すり》石で製粉し粥《かゆ》か団子にして食べたようである。

山形県押出遺跡からは、動物・鳥類の肉や卵等と加工したクッキーも出土している。

植物には隔《かく》年結果と言って表年と裏年があり、稔りに豊凶がある。木の実は秋にしか採れない季節的なこともあって、縄文人はこの問題を貯蔵によって解決してきた。

草創期最古の貯蔵穴と言われる志布志町（現志布志市）東黒土田遺跡の他、各地の遺跡にも見られる。

きのこ採りと山菜摘み

森は多種多様の野生植物からなり、縄文人はあらゆる野生植物を口にして、毒の有無を確認しつつ食品化していったと考えられる。

山菜やきのこが遺物として残ることは絶望的とされるが縄文人は盛んに食べていたことは想定される。

ヤマイモやユリ等の一部を除く、根茎植物の殆どの山菜にはアクがある。縄文人は様々な知恵を働かせて、アク抜きを考案し食用にしてきたと考えられる。

カタクリ・ギボウシ・コゴミ・タラの芽などは茹《ゆ》でるだけでよいが、ウド・セリ・ツクシ・フキ・ヨモギなどは茹でた後水晒しする必要があり、更にアクの強いものは、木灰汁を使ってのアク抜きが必要であることから、煮る機能を持った器の登場も起こった。

塩づくり——食料の保存加工

日本の塩は縄文人が発明した。海水を煮詰めるのだから、煮沸《しゃふつ》効率のよい、薄くてその小さい深鉢形の製塩用の土器を造り出している。

縄文時代の保存加工には蒸し干し・日干し・燻製《くんせい》・塩漬け等があった。

狩猟と漁労

狩猟は先土器時代から続く生業であり、石鏃《ぞく》から想定しうる弓矢の利用と狩猟犬、落とし穴・石槍《やり》の技術も発達し、トリカブトの毒矢も使用したのではないかとの議論もある。

また、各種の罠《わな》も使用したであろうことは当然のこととされる。

漁労は川から海へと進み、海に乗り出したのは縄文時代になってからとされる。

釣針や、ヤス・モリ等の漁労具の改良が進められ、石錘《すい》や土錘が多量に出土し魚網の使用が知られている。

陸の槍を水界に持ち込んで、持って突いても槍先が柄から離れないヤスや、柄から離れて紐《ひも》で手繰《たぐ》り寄せるモリなどをシカの骨などで造ったものは大型魚類の捕獲に使用されたらしい。

釣針も大小の魚種に合わせた様々な形や有機無機等多種多様の工夫を凝らしたものを使っていた遺物が出土している。

縄文時代の栽培植物と農耕

全国各地の遺跡から、ヒョウタン・マメ・シソ・アブラナ・ゴボウ・ソバ・ヒエ等々の報告がある。これらの中には日本に自生しないものもあるが、古くから海外と交流があったものと考えられる。

縄文農耕論に、中期農耕論・晩期農耕論がかねてから主張されているが、農具らしい道具の存在や、多数の竪穴住居から予想される大人数の生活が狩猟や採取で賄えるか、という議論もなされている。

この多人数の生活を支えるのは、農耕しかないという結論ではあるが、課題は栽培された植物を遺跡から発見することである。

プラント・オパール

植物は土壌から珪酸を吸収し、植物珪酸体として蓄積する。これが「プラント・オパール」でイネ科植物に多量に含まれ、且つ各々《それぞれ》固有の特徴を示すことから、「プラント・オパール」で元の植物を鑑定することが出来るようになった。

果樹の保護（栽培）

縄文文化は森の文化である。集落は建築材、燃料材その他の用材で伐採が進む中で、食料となる木の実を稔らせる樹種を保存することもあろう、場合によっては植樹をすることは当然想定出来得ることから、尚栽培的に至る可能性もある。

青森県の三内丸山遺跡でも栽培を肯定する論議がなされている。

縄文時代の舟

縄文時代の舟は、太い丸太を火で焦がしながら石斧などで削って造る全長五〜七メートル、幅六〇センチ前後のものが前期に発見されているが、もっと古くからあったであろうという説もある。

縄文時代の住居

縄文時代の住居は竪《たて》穴住居・平地住居・高床住居・伏屋式・壁《かべ》立式等があったとされるが、上屋構造は推定である。

住居は次第に構造が整って、一〇〜四〇平方メートル程度のものまでも発掘されている。炉も煮炊きの作業により外炉・内炉も使い分けしていた。炉は調理・照明・暖房・土間の乾燥・種火の保存・木灰の獲得・火棚の食料の保存・屋根の防腐など多様な目的を有していた。

縄文人の木の文化

青森県八戸市・是川遺跡で縄文時代の植物製品が発見されたときは、あまりにも素晴らしい内容であったので、縄文時代のものでなく江戸時代のものではないかとの説が出たほどの逸品であった。

縄文時代の木製品は、化粧、装身具（櫛・腕輪など）、建築材（柱など）、儀式・祭祀具（彫刻・柱など）、土木材（杭など）、食膳・厨房具（皿・杓子《しゃくし》など）、狩猟具（弓・タモ網など）、楽器（琴）、発火具（火鑚杵《ひきりぎね》・火鑚臼《ひきりうす》）、船舶具（丸木舟・櫂《かい》）、工具（斧柄《おのえ》・砧《きぬた》など）、容器（壺《つぼ》など）で、紡織具は予想されるが未発見である（砧《きぬた》は布を打って柔らかくする台）。

この外集落の外側に展開する、木道・桟橋木等の組み施設・魞《えり》など、木の特性を熟知して、用材を使い分けていたことが指摘されている（魞は魚の習性を利用して魚を寄せ集めて漁をする設備《さく》等）。

縄文人は森の技術者であった。

縄文時代の工芸と精巧な漆工技術

縄文時代の漆加工について疑問視されていたが、一九六二年以後福井県鳥浜貝塚で前期の漆製品が多数発見され、正当化されている。

縄文人が造り出した土器・研磨技術・穿孔《せんこう》技術・石器加工・網編み・籠造り・漆《うるし》の発明と工芸品・装飾品の工夫《くふう》制作は現代人に劣らぬ能力を有していたものと高く評価されている。

縄文人の編み物技術

布制作は糸をつくる工程から縦糸と横糸をからめた編布縦糸と横糸を交差させた織布がある。素材としては大麻・苧麻《ちょま》・アカソ・カラムシ・オヒョウ・タヌキランが確認されているが、イラクサ・アオソ・コウゾ・カジノキ・クズ・フジ・シナノキなど各種の繊維が用いられていた可能性がある。

縄文人の衣服と装身文化

縄文人の衣服はどのような物であったかは遺跡に残らず難解である。

北海道朱円遺跡墓壙の埋葬人骨から編布片が、滋賀県正楽寺遺跡の人骨から炭化したアンギン状の布が発見されているが、どのような衣服であったかは復元出来ないとされる。よく引き合いに出される土偶からの衣服を想定することも論じられるが、ヒントにはなるにしても写実ではないから、想像の域を脱し得ない。

縄文人は御洒落《おしゃれ》であったらしく、頭飾り・髪飾り・耳飾り・首飾り・胸飾り・腕飾り・指飾り・腰飾り・足飾りなどの装身具着装と、衣服・帽子・頭巾・履物などの服装や小物などからなり、遺物として多彩なものが残されている。

第十九章　鈴嶽の山容

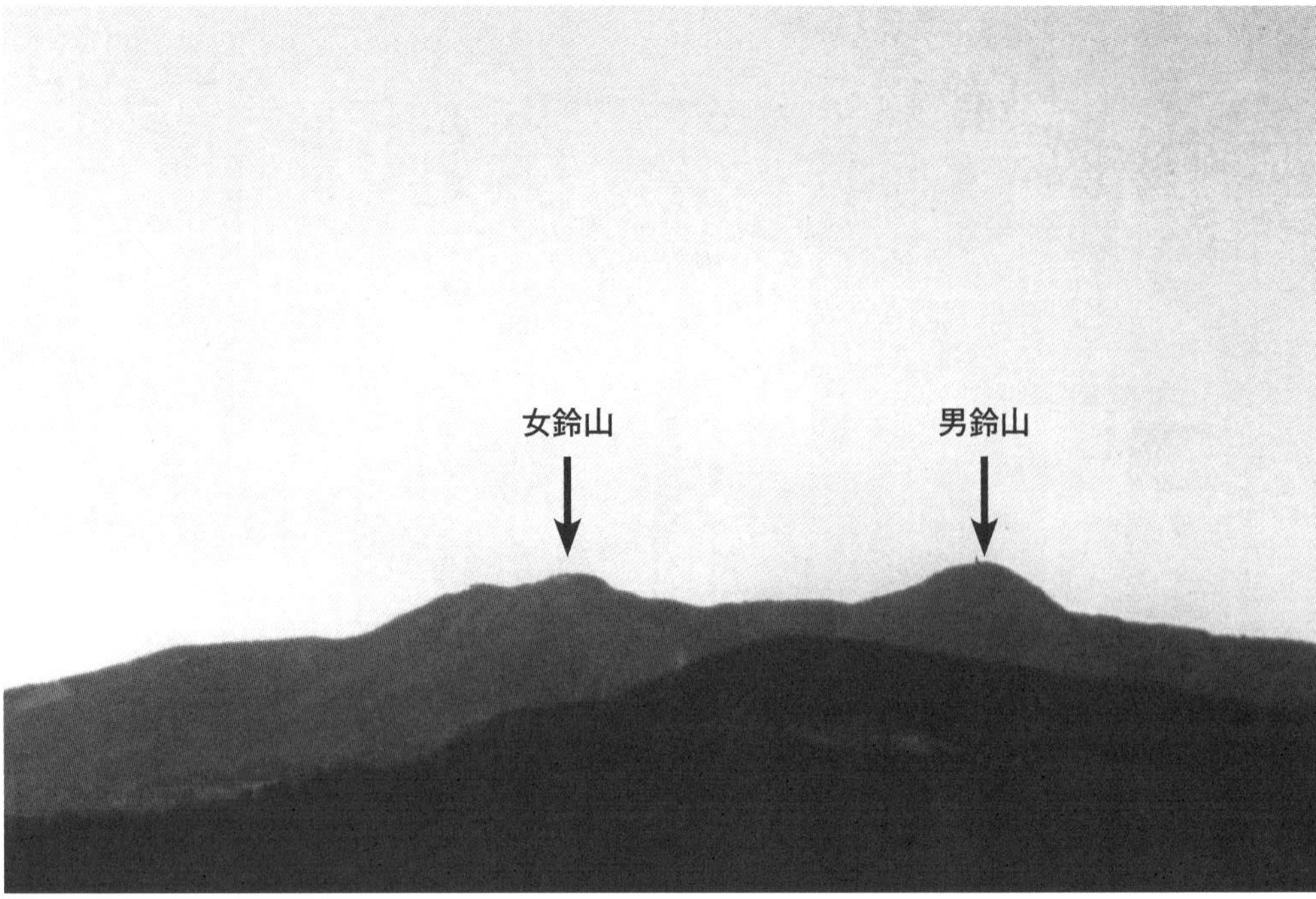

日南市塚田報恩寺からの鈴嶽

日南市飫肥本町からの鈴嶽

串間市役所からの鈴嶽

串間市揚原からの鈴嶽

鈴嶽の山容

鈴嶽は、日南市役所から、おおよそ真西一一・五キロ、串間市役所からほぼ真北一六・五キロの交点に位置する。日南市側からは、広大な東面、串間市側からは、遠隔と雖《いえど》も深遠な南面の山稜は、流石《さすが》に宮崎名山百選に推挙される名山であることは肯定される。特に飫肥本町からの遠望はまさに一幅の絵画の感がある。

日向の国河内の里に、独立し毅然《きぜん》として聳《そび》える、父なる主峯男鈴山（七八二・四メートル）と母なる副峯女鈴山（七四一メートル）は、互いに寄り添い抱き合い支えつつ、天地創造の悠久《ゆうきゅう》の太古から離れることなく、慈《いつく》しみ睦《むつ》み合って来た夫婦相愛の麗《うるわ》しき情景は、見事に調和した霊峯である。

大自然が織《お》り成す静謐《せいひつ》にして風格ある山頂には、鈴嶽の神、十二神の神霊が鎮座し賜い、神のご加護は万物の生命を育《はぐく》み、近在近郷の繁栄をもたらしてきたのである。

南面に鹿久山（四八五メートル）を従え、日南市と串間市の境界にあり、河内富士とたたえられる鈴嶽は、他山に比べて一際《ひときわ》対立し、太陽と空気と山水の恵みで育まれた飫肥杉の見事な山麓《さんろく》と、照葉樹林に覆《おお》われた男鈴山と、女鈴山に連なる緑林の深遠な山頂脊梁《せきりょう》の範疇《はんちゅう》は、互に調和を保ち人心を強烈に魅了《みりょう》し、登攀《とはん》の意欲をそそる。

標高は左ほど高嶺ではないが、酒谷川、細田川、南郷川の源流であり、福島川の支流、大平川、大矢取川の分水嶺となっていて、北西は幾つもの山稜を連ねて都城市と境している。

地質は前記の砂岩・頁岩《けつがん》の日向層群《ひゅうがそうぐん》で、山腹や山麓《さんろく》は、老壮年期の山容であるが、山頂になると砂岩層のため比較的急峻《きゅうしゅん》である。

男鈴山東面の枕状溶岩《まくらじょうようがん》と玄武岩《げんぶがん》の露頭《ろとう》は別に延べた通り見事な景観である。

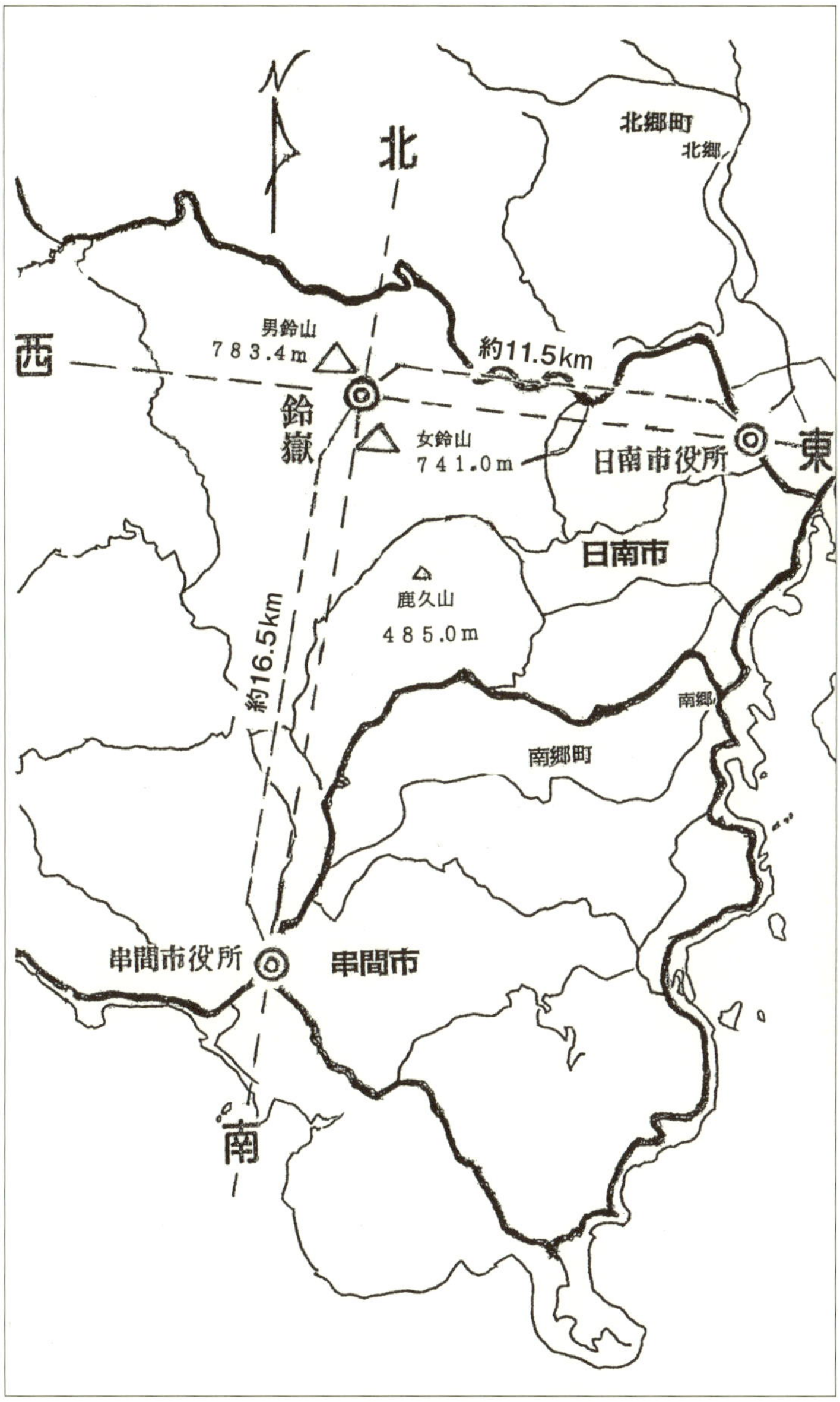

鈴嶽の位置
（５万分の１宮崎県地図を定規で簡易に測り、筆者が作成したもので距離は正確さを欠く）

北部山麓の酒谷川に小布瀬（子産瀬）滝、落差約三〇メートルを有し、西部の分水嶺《ぶんすいれい》につながる大矢取川の赤池渓谷《あかいけけいこく》は、入戸《いと》火砕流堆積物《かさいりゅうたいせきぶつ》の溶結凝灰岩《ようけつぎょうかいがん》が水流と小石により浸食《しんしょく》されて、多くの甌穴と滝を形成している。

林相

原生林と言えば、千古斧鉞《ふえつ》を入れずの林相をいうが、明治初頭（一八六八）の頃までは、鈴嶽全山は勿論、里山・屋敷山まで照葉樹林の近原生林であった。

飫肥藩は財源として飫肥杉の植林を藩是《はんぜ》として強力に推奨した。その影響《えいきょう》で、天然林を雑木として軽視し、杉でなければ木に非ずの感覚が定着し、民有地はもとより、官山全て杉に改植されてきたのである。

現今は僅かに照葉樹林相を山頂に残すのみとなった。タブノキ・マテバシイ・イチイガシ・アラカシ・スダジイ・コジイ・ヤブツバキ・イヌシデ・ユズリハ・ヤマモモ等、照葉樹林特有の樹種が競《きそ》い合って林立するが、往時《おうじ》の深山を想起するにはほど遠い。といえども、春陽の開花はそれぞれ特有の芳香を八方に放散する。山頂附近に群落するアセビ特有の薫香《くんこう》はまた一層に馨《かぐわ》しい。

林床にはキバナノホトトギス・ヤマジノホトトギス・サツマイナモリ・ツルリンドウ・ノジギク・ヤマアザミ・ツリフネソウ等々多彩《たさい》で、四季折々に可憐《かれん》な花々を咲かせる。

山頂には低木のミヤマシキミ（別名百万両）の群落があり、深山のルビーと讃美《さんび》されるほど人の目を強力に引き付け心を和《なご》ませ、アオキの大粒深紅《しんく》の実は杣道《そまみち》の快楽《かいらく》を一層引きたてる。足下に可憐《かれん》な赤実を病葉《わくらば》の中からやさしく覗《のぞ》かせているのはハナミョウガだ。小鳥が啄《ついば》んでくれるのを待っているのであろう。

秋風そよぐ頃は草木の稔りに、鹿の絶滅で動物の声を聞くことはないが、渡り鳥の囀《さえず》りは日々に賑《にぎ》わい山野に谺《こだま》し入山人の心を和《なご》ませる。

鈴嶽の眺望

なんと言っても、女鈴山からの俯瞰《ふかん》展望は絶妙である。

北面を背にして眼《まなこ》を西方に転ずれば、先ず桜島頂上がくっきりと眼中に入る。噴火のときは噴煙が空高く立ち昇った後に爆発音が聞こえてくる。

大窪地区鈴嶽登山道整備奉仕隊二十五名が平成六年（一九九四）二月十日に頂上での作業中、幸運にも桜島の爆音が聞こえてきたので、皆んなで西方を遠望したところ噴煙が天空高く立ち昇っているのを見て、またとない記念になったと感喜したものであった。

残念にも望遠カメラの持ち合わせがなく、珍事の光景を撮影できなかったことを惜しんだことであった。

平成九年（一九九七）十一月十一日登山の際は、カメラの他双眼鏡まで準備していったが中国からと言われる光化学スモッグに阻《はば》まれ、視界は極めて不良で近景すら観望できず、期待は一度に失せて残念であった。

西南方には天気良好であれば種子島まで眼中に収められる。

広大に展開する太平洋、右手《めて》に大隈半島・志布志湾、続いて串間市全域の町並みは指呼《しこ》の間にある。

前方に都井岬の峰々が続き、左傾《さけい》すれば洋々たる日向灘に浮揚する大島・小場島・七ツ八重・油津港と、大自然が織り成す天然の景観を一望することが出来る。

近景は眼下に王子製紙日南工場・飫肥城跡の森・飫肥町と、尚も酒谷川を溯《さかのぼ》れば酒谷村里《むらざと》の軒並みは手中に収まるの感がある。

東面に鵜戸の山脈に続いて小松山（九八八・八メートル）が対峙《たいじ》する。

この筆舌に尽くし難き大自然、「創造の神が生み出した絶景の天然の美」を堪能《たんのう》せずんば人に非らず。「百聞は一見に如かず」とは正にこのことをいうのであろうか。

農工業の発展

鈴嶽に発する大地の母なる各河川は、河内地方の沃野《よくや》を潤《うるお》し農耕に大きく寄与《きよ》し日本一を誇る金柑・甘藷・マンゴー・みかん等の特産物を生み出して、その名声は他の追随《ついずい》を許さない。

日南ダムによる調節水は、王子製紙の工業用水としても重要な一役を担っている。

赤池発電所（『串間市史』より）

大矢取川の水量の豊かさに着眼した、都城の堤為次他十一名と、庄内村坂本英俊は、水力発電株式会社を設立して、大矢取川の水利権を取得していた。当時の南那珂郡長、田内吉文は、公営発電を発起、水利権を獲得すべく、郡会に発議、大正三年七月議決するに至った。

大正六年八月、総工事費二一万一二一一円九七銭で着工、郡営赤池発電所は完工した。発電力一三五キロワットの送配電は南那珂郡十六カ町村全域に渉り、福島高等女学校を運営するなど、郡内産業の発展と住民の生活に大いに貢献するに至ったのである。

この発電所は、今日では小規模なものであるが、文明開化の偉業を後世に伝えるため、今日も稼動し、文化財として保存されている。

動物の変遷

鹿《しか》・羚羊《かもしか》

日本の民俗学の大家柳田国男翁の『定本海南小記』中「水煙る川のほとり」の頭書《とうしょ》に、

「飫肥の町へは十二年ぶりに入って来た。町にはまだ、貂《テン》狐《キツネ》猿《サル》羚羊《カモシカ》等の皮をぶら下げて売っていた。」

と誌《しる》しているから、柳田翁が飫肥に入った明治四十三年の頃には「カモシカ」が鈴嶽にも棲《せい》息《そく》していたことが確《たし》かと言えよう。

宮崎日日新聞平成二十三年（二〇一一）七月三十一日の記事に次のようにある。

「**ニホンカモシカ**　ウシ科の日本固有種で体長は、一メートルから一・二メートルで、雌雄共に角がある。三県に跨る九州山地の中でも大半は本県側にいる。警戒心が強く同じ場所に糞をする習性があるため、糞の数などから生息数を推定する。繁殖力が低下し激減。山の状態は悪化しているので、生息数は変わらないが、県は九月から二年がかりで、国の特別天然記念物ニホンカモシカの生息調査に乗り出す。」

鈴嶽の南東の連山鹿久山（四八五メートル）の山名も鹿や羚羊《かもしか》等の大動物から引用されたことは疑《うたご》う余地はあるまい。

西河内、酒谷西ノ園に語り草になっている、肥田木市十朗氏が、明治初めに三歳の雄鹿を鉄砲で射止めたのが、河内地方での鹿猟《しかりょう》の最後であったと、今にも語り継がれている。その孫肥田木稔氏や肥田木正章氏からも、生前親交の中に幾度か聞き及んでいる。

日南市大窪小学校（明治六年〈一八七三〉創立）の古い校歌に

　ばらも　胡蝶《こちょう》も　眠る里

緑の夏の　夢覚めて
男鈴の　峰に　鹿ぞ鳴く
仮屋の　紅葉　する中に
ちらりと　見える　一寮《りょう》は
朝な　夕なに　怠《おこた》らず
努《つと》め　励《はげ》める　わが母校

と歌われて記録に残るは、男鈴山に鹿が棲《す》んでいた、ことの立証《あかし》であろう。

野鳥

筆者の祖父松田弥平（明治九年〈一八七六〉生まれ）は、十七歳から旧藩主伊東家山林の山守りをしていた。

営林署役人（俗称山官）は、いつも拙宅に逗留《とうりゅう》していて、特に親交が厚かったことから、河内地方の山容はもとより、山林事業やその従業員の総てを詳察《しょうさつ》していた。

鉄砲も二挺所持し夜は囲炉裏《いろり》で鉛を熔《と》かし弾を造って、薬莢《やっきょう》に煙硝《えんしょう》や弾を詰めているのを、子供心に興味深く見ていた。

その傍《かたわ》らで猟の事や、動物の話を度々聞かせてくれた。

鹿は明治のはじめ頃まで居た。走るときは滑るように早いもんだった。

オシ鳥は山間の渓流に群れになって飛来し、水辺には出らず木の枝などに隠《かく》れるようにとまり、木の上をねぐらにして、カシ・ナラ・シイ等の木の実を食《く》っていた。

繁殖は樹洞《じゅどう》（俗称ウト）に営巣し、雛が孵《かえ》ったらすぐ飛び下りて親鳥が水辺につれて行き、幼鳥時代は水辺で生活し、成鳥になると森に移動していた。

営林署が全山伐採し杉山にしたので、照葉樹の沢林や河畔林が減少、木の実も少なくなり、営巣《えいそう》の「ウト」も無くなったので全く渡来しなくなった。

アオバトはスズメの群れのように飛来し雑木林のシイ・カシ・マテ等の木の実などを餌にしていた。

山の一番高い木の上に「ダシ」（葉のない太い枝幹を突き出して取り付けること）を取り付けて山鳩がとまるのを待って鉄砲で獲《と》ったものだったが、照葉樹の森が無くなったので、今は偶《まれ》に鳴き声を聞くだけになった。

フクロウ（俗称コズまたはカスッペ）は、拙宅の隣接が、南平番所菩提寺《ぼだいじ》の境内で、シイ・タブ・イチイ・カシ等数百年の大木が生茂《おいしげ》る里山で、中でもスダジイは大人数人で取り巻く千年以上の老大木で、的射場《まといば》の広庭を一本で覆《おお》うていた。秋口に落ちる椎の実（コジ）を村中の人々が拾って、囲炉裏《いろり》で焼いて喰《た》べたものであった。

古大木には、大小さまざまの「ウト」があったから、フクロウ、ムササビ（俗称モマ）などが生活する動物の塒《ねぐら》であった。

夜はフクロウの鳴き声、「ぼろ着て奉公」「コロットコウズ」と繰り返し続けて鳴く声を聞いて眠りに就《つ》いたものだった。

その大木も全て伐り払われてしまったのでフクロウも来なくなった。ムササビも激減してしまった。

鮎

鮎《あゆ》も福島川上流大平川の広野まで遡上《そじょう》していたが極めて少なくなった。南郷川支流大窪川も仮屋附近まで居たが全く見当たらない。酒谷川でも上流まで上っていたが非常に少なくなっている。

伯父の長津猪三郎や鬼束弥三郎は、鮎《あゆ》掛《かけ》・投網《とあみ》によく遊んでいたが、杉山になり水量が少なくなったので苔も生えなくなって全く駄目になったと語っていた。

ベッコウサンショウウオ

林相の変貌《へんぼう》は動物の生存にも直接影響する。昭和のはじめ頃までに女鈴山の西北面の谷泉《こくせん》に棲息《せいそく》していたベッコウサン

ベッコウサンショウウオ
末吉豊文氏（宮崎県総合博物館学芸課）提供

ショウウオも、絶滅したのであろうか、今では容易に発見できない。この谷をサンショ谷といって、登山のとき、谷の石をひっくりかえして、サンショウウオ（俗称サンシュイオ）を捜《さが》し捕えて、古老に薬になると教えられたものであった。

ナバ（キノコ）

茸《きのこ》のことを河内では「ナバ」という。筆者が幼少の頃までは、照葉樹などの雑木林も残っていたのでナバ採《と》りがあった。

山伏茸（俗称ネズミタケ）は幹周一五センチ、丈が二〇センチもあるものがあり、縦に裂いて、すきやきにして喰《たべ》させてもらったものであった。その他さまざまのナバ類があり、坂元被広さんは年中山を歩き廻って山産物で生計をたてていた人であった。

それほど山には自然の産物の恵みが豊かであったのである。今は照葉樹の森も全く無くなったのでナバ採りも無くなった。

第二十章　鈴嶽山容の変遷

『我が郷の変遷』（山之城民平著）

時代の変移によって、山容が変化すれば、動植物も変異する。鈴嶽の様相も時代の移《うつ》ろいと共に変貌《へんぼう》してきた。

山之城民平遺稿集『近世飫肥史稿』第二編「郷土の今日　我が郷の変遷《へんせん》」によれば、氏は明治二十三年（一八九〇）十六歳で故郷を出で、大正十一年（一九二二）帰郷している。その間僅《わず》か三十年余の巷間《こうかん》に亙る飫肥地方の変貌《へんぼう》を、実見した感想を、古老より聞知《ぶんち》した口伝《くでん》と合わせて、次のように述懐《じゅっかい》している。

山之城民平氏は日南市飫肥出身。幼年学校卒。陸軍主計大佐。飫肥町長を歴任し、郷土史に造詣が深い大先達である。

※　　※

明治維新より現今に至る数十年間は、我が国の社会全般にわたり最も変化の多い時代であった。之を記述して置く事は此の地が西国の辺境である丈に後世に参考とする事が多いと思うのである。

唯小生は明治二十三年十六歳にて郷を出たのであるから、それ以前の少年の目に映じた処と大正十一年帰郷後に実見したものの外は皆古老より聞知した処である。故に及ばざる事足らざる処が甚だ多いのである。

山　河

山河の独り依然として、旧の如くなるに人事の変遷《へんせん》常なきは、故郷に対する感慨《かんがい》の深き所《ゆ》以《えん》である。然れども一草一木の微《び》にも心を動かす游子《ゆうし》の上にも亦幾多の変遷《へんせん》あるを見逃すことは出来ないのである。

試みに明治の頃を回想してみよう。

先ず中の尾の山脈の二本松、陣の平の変化である。二本松は名の如く頂上に二本松の老《ろう》松《しょう》があり、其の附近は山の名の依って起る処であって、春秋登覧《とうらん》の人多く生徒の紀行文の好題目であって文例により一瓢《いっぴょう》を携《たずさ》えと書いたものである。

其の後山頂附近に大師像が置かれ、老松の一本は枯れ周囲は松山となって眺望を絶った。亦一人の登覧の客もない陣の平は古の中の尾の砦《とりで》の跡を歴然と形を存して往時を追想せしむるものがあった。一帯の草野で春の野焼きの日には茲《ここ》を焼くのが最も面白かった。今は只松林に覆《おお》われて古陣の跡方もなく何等の追想も起らない。

一帯の草野であって眺望絶佳《ちょうぼうぜっか》の地であった中腹以下は、段々畑であってその間に飫肥清武道の松並木が帯のように横たわって居た。下より山上を望むと唯山嶺《さんれい》の二本松の優姿がはっきりと目に入った。

鼓《つづみ》ヶ岳《たけ》も一帯の草野と中腹の雑木林《ぞうきばやし》であった。林中に幾株の老松があって春の朝は真に霞《かすみ》のたな引くが如くであった。今は一本の松もない。

近くは新山附近一帯である。往時行旅の詩人をして、「蘇李山上春草青し」とうたわしめたが、今は前者と共に一帯の造林地である。

遠くは小松山、男鈴の嶺が千古斧鉞《ふえつ》の入らずして翠色深《すいしょくふか》く黒々くして神秘の色をただよわせて居ったが、今は漸次深幽《ぜんじしんゆう》の趣《おもむき》を失い造林地と化しつつある。要するに山岳の骨肉は変らずとも其の皮髪《ひはつ》は漸《ようや》く更《あらた》まって形容一変し、久しく他郷に去りし者の望郷の情切なる感慨《かんがい》を覚《おぼ》えさせるのである。（中略）

鳥獣

山河のみならず禽獣虫魚の自然界にも亦時代の変化があるのである。人文の進歩は野生の獣類を著しく減少した。此地方の野獣の主なるものは野猪・鹿・狐・狸・むじなの類であったが、今は殆んど絶滅に近いものがある。狐狡猾《こうかつ》、人をたぶらかす力があるものとして人に恐れられて居たが、維新後迄は極めて多く棲息《せいそく》し、明治の始め頃迄は本町中央の別当屋敷の叢《くさむら》にも居ったと云う事であるから他は推《お》して知るべしである。明治十八、九年頃生は今町の下春日《しもかすが》馬場に住んで居たが、寒夜には、毎夜田に出て食をあさる狐がコロンコロンクワアと鳴いて通るのを聞いた。町には飼犬も多数居ったが狐にだまされて害をなさぬと云われて居た。兎《と》に角《かく》夜は町のほうに出て来た。

或夜祖母に伴われて板敷中道を帰った事がある。今町に近づいた頃遥《はる》か彼方に狐の声が聞ゆるから、ソラ来るぞと歩を早めて急いだ。ところが数分にして後方十数歩の処で突然大声で鳴いたので大いに驚き急ぎ帰ったのを覚えている。

二本松附近の段々畠には所々に穴があった。其処からも町に出て来たことがあろう。城内御倉の瀬戸は夜間砂をまき或は道を眩《くら》ますとて最も人に恐れられて居たものである。

当時はさびしき処と云えば必ず狐の話がつきものであった。是は余りに人をたぶらかすとて恐れられ之に関心を持って居たから、夜暗《やあん》に他の動物が動いても直ちに狐狸の仕業とせられた事もあるであろうが、何れにしても多く棲んでいたことは事実である。其の他狸も多かった。近在の山に例の溜《た》め糞《くそ》を見ることは往々あった。

兎も多く野焼きの時など之を追うのが楽しみであった。

猪・鹿の類は藩時代には御狩倉の止め処があって繁殖し、毎年正月猪狩が行われ鎧の餅割りの時は登城の諸士総員に餅に添えて猪肉の一片を分たれたと云うことである。

然るに以上の状況は漸次に変わり今日では狐は附近の山野に発見することは殆んど不可能である。兎の数も甚だ少ない。野猪は毎年北河内、西河内に数頭の猟獲があるが、鹿は殆んど見る事が無い有様である。

鳥類も藩時代には極めて多かった。所々に留め所があった。板敷の田間《たのま》は藩主、西弁分は一門、大藤は家老の留め所であって、茲には鶴《つる》を始め鴨《かも》・雁《がん》の類が秋に渡来して数多群れて居た。生の家は其の頃紏《ただす》に在ったが、時々飼猫が鴨類を捕まえて来た。或る時も大きな青首をくわえて帰って来るのが見えて居った。然るに木戸迄来た時通りがかりの人が之を捕えようとして猫を押えた。猫は驚いて之を放ったから鴨は忽《たちまち》飛び去り人は呆然《あぜん》として之を見送って居ったと老人が常に語って聞かせた。鳶《とび》鳥も多かった。鳶が春秋の頃田畑の上に輪を描いて舞うのは誠に長閑《のどか》なものであった。漢人にも「鳶飛《とびと》び魚躍《おど》る」の名句がある。此の鳥も今は極めて稀であるが東京付近でも著しく減じたと云われている。（中略）鵜《う》の鳥は広渡辺に屡《しば》々其の例を見た。鷗《かもめ》は油津港には多数群《むら》がって居た。是等も今は見当たらぬようである。鶯《うぐいす》のささなきは浄念寺の竹叢《やぶ》でさえ夥《おびただ》しく聞いたものであるが、今は近在の山にも少ないのである。（後略）

明治政府の林業政策と生態系の変容

明治政府は、山は木材の供給基地との安易な考えから、杉（針葉樹）以外は雑木《ぞうき》として軽視して、全国各地に営林署の斫伐所《しゃくばつしょ》を大々的に設置して、天然林の幼木から老大木・神木に至るまで全山全伐して、杉・桧等の針葉樹に改植した。

山は神霊の宿る崇高《すうこう》な所である。千古斧鉞《ふえつ》入れず、翠色《すいしょく》豊かな老大木の生繁《おいしげ》る欝蒼《うっそう》たる天然照葉樹林の深山幽谷《ゆうこく》・幽玄幽寂《ゆうげんゆうじゃく》にして、人間をはじめ全ての生物、動植物の生命の根源であることを是認《ぜにん》することを怠ったのであった。

目井津山上の杉林と大堂津の松の防潮林
（日南市・昭和15年当時）

その結果林相は一変し、水源の涵養《かんよう》をも脅《おびや》かし動植物の生態系を悪変してしまったのである。

先に記述した柳田国男翁の『海南小記』に、羚羊《かもしか》・貂《てん》・猿・狐が飫肥地方に生息していた記述に加えて、山之城民平氏の『近世飫肥史稿』にも、鹿・猪・狐・狸・むじな等が城下にまで生息していた。鳥類も、鶴《つる》・鴨《かも》・雁《がん》・鳶《とび》・オシドリ・アオバトの渡来の話があり、河内地方が様々な動物の生息に良い環境であったことが判《わか》る。

山と渓谷社『日本の野鳥』に、鶴は、ナベヅル・クロツル・カナダヅル・マナヅル・ソデクロツルが今日でも鹿児島県に、雁《がん》は数種あるが、コクガンは九州にも飛来している記述があることから、山之城民平氏の『近世飫肥城史稿』を見ると藩政時代まで、河内地方にも渡来していたことは肯

日南市　島嶼の松
旧油津町梅ヶ浜　手前・地の松島　後方・沖の松島（昭和15年当時）

定されよう。

白砂青松

林相については、山之城民平氏の『近世飫肥史稿』に、老松が春の朝は真に霞《かすみ》のたなびくが如くであったなど、誌面の各所に松樹の記述が見えるほど何処にも松は生えていた。

松の木が山に混生しているのは当然のことで、松は山の樹木の王、主木である。日本の山々には、古代から樹木の中に混生して一際高く聳《そび》え立っていた。

併《しか》し今日、河内（日南地方）の里山から全ての山々には松が極めて少ない。全滅と言ってよい。

昭和二十年頃から、日本パルプ工業（現王子製紙）の輸入原木の松喰虫が原因とされて、被害は全国に拡大していった。

松は強健・強力・強靱《きょうじん》な植物で、瘦地《やせ》でも、土の無い岩壁にも、海洋の島嶼《とうしょ》にも、岩石に根茎を食い込ませて成育する、強力な根力を持つ植物である。

都井岬にも、大島・小場島などの島々にも、松固有の優美な枝振りで自生していた。海浜には、白砂青松と詩《うた》われた、防潮林も治岸林《じがん》も、海天《かいてん》に突出し松特有の音律で松濤《しょうとう》を吹き鳴らし、また何処の山頂にも老熟の大木が聳《そび》え立ち、松樹独特の枝響きの音韻《おんいん》は、ヒューヒューと村里にまで鳴り響《ひび》かせていたものであった。

懐《なつ》かしい松風の音も逞《たくま》しく風雅《ふうが》な老松の風景の情緒《じょうしょ》も再見は困難となってしまった。

第二十一章　原生林の効能

原生林の効能

森林とは、多種多様の草木が広い範囲に渉《わた》って密生している様《さま》をいう。原始林とは、人の手の加わっていない自然の儘《まま》の森林、即ち原生林のことである。

これから述べる諸説は、原生林の林相・形態についてであり、今日の単一林相とは、全く掛け離れたものである。

曽《かつ》て人類は、森林の中の一員であった。即ち生命の保持・生活全般に至るまで、森林の恩恵を被って生存してきたが、その視界現象以外に、人間・生物全般が受動している重要な要素が存在することが、近年、学者の研究によって解明されてきた（以下、紹介にあたっては出典等は省略させていただいたことをお断りしておく）。

フィトンチッド

一九三〇年、ソ連（ロシア）のトーキン博士が提唱したもので、晴天時遠方の山々が、遠くになるほど「ブルー」が濃くなって見える現象に着目、その要因を探求し解明したという。

フィトンチッドは、樹木から放散されて周囲の微生物などを殺す、または麻酔させる働きをもつ物質で、各種の植物が内蔵または発散している。香気成分「テルペン」類がこれに相当するといわれる。

「フィトン」は植物、「チッド」は殺すの意という。

テルペン

分子構造に二個以上の「イソプレン」を含む一群の有機化合物、またその誘導体。特に精油中にふくまれる芳香性化合物を指す。樹木によって、成分も異質で、作用・効能も異なるとされる。

森林浴の効用の源《みなもと》とされる物質で、森林に入り樹木の香気を浴び精神的な安らぎと爽快な気分を得ることの出来る物質である。

フィトンチッドは植物の本能

動物は外敵から逃げる、姿を変える、反撃することが出来るが、植物も常に敵に狙《ねら》われているなかでの身を守る手段として、フィトンチッド即ちテルペン物質を内蔵・発散しているといわれる。

イネ科の穀類は発芽の時、水分を吸収してふくれるが、この時水を黄色っぽくする物質を分泌する。これはフラボノイド配糖体で、稲科に有害な微生物を殺すといわれている。

フィトンチッドは、単なる微生物の殺し屋ではなく、細菌の活動を改良したり、その繁殖を早めたりの働きもあるといわれる。

また、高等植物からのフィトンチッドはビタミンのように生理機能を促進させる働きがあることも解《わか》っており、従って森は大きな殺菌室であるとも論評されている。

微生物を殺すフィトンチッド

カシ・シラカバ・オレンジの葉・トドマツ・ネズ・シャクヤク・ワサビの葉や根を刻んで置くと、数センチ離した所の微生物は、五分ぐらいで死滅する。

イモリは、おろしニンニクで、忽ち死ぬ。ユーカリの葉は、傷付けないで置いても、六時間後に細菌は死ぬ。

トドマツ・イソツツジヒノキのフィトンチッドは、ジフテリア・百日咳の桿菌《かんきん》に破壊的作用を及ぼす。ネズからは、大腸菌・パラチフスの病菌・ジフテリア菌・赤痢菌を効果的に殺す。

テンニンカの葉からは、抗生物質に耐性のある、グラム陽性菌を殺す力がある。

マツは動脈硬化を防ぎ、ゼンソクを抑える効果がある。トドマツ・エゾマツ・イチジク・シロダモの葉は、殺ダニの作用がある（昔からトイレのウジを殺すのに、イチジクの葉を使った）。

桧の葉からはジフテリア菌を殺すフィトンチッドが出る。

新鮮なカシの葉をきざんで、そばに滴虫類アメバのような単細胞の原生動物・結核菌・腸チフス・コレラ・ジフテリア菌を置くと、数分で死滅する。

以上専門の学者が研究された一部を例挙したのみであるが、総じて披瀝するとすれば、恐らく植物の数ほどに相当すると言っても過言ではあるまい。

先人の知恵

昔から、氷や冷蔵器具の無いときは、生魚に、スギ・ヒノキ・タケ等の葉を敷いた。サクラ餅・カシワ餅・ササだんご・チマキの工夫。刺身にダイコン・シソの葉・ワサビ・ウナギにサンショウの実を添えるのも、雑菌の繁殖を抑え、魚毒を消す効果を経験から得ていたのであろう。

雨による葉からの養分の流亡(リーチング)

雨は植物の葉や枝幹を濡《ぬ》らし、表面を流下するが、その際樹木の表面に析出・蓄積した種々の物質を流し去ってしまう。それに伴って、葉などの物質も、滲出してきて、植物の生長に必要な栄養分が流亡することが知られている。

この現象を、リーチングと言っている。

リーチングとは、鉱工学では、浸出とも言う。植物に於いても滲出という現象があることがリーチング研究の第一人者、アメリカのテューキーの研究（一九七〇年）で解明された。農学博士木村和義の著書にも実験結果が記述されている。

植物体から流亡する物質

雨に因るリーチング現象は、自然界で広く行なわれている。雨によって植物体から流亡する多くの物質は、植物や微生物に必要な無機物・炭水化物・アミノ酸・有機酸・生長ホルモン・ビタミンなど植物体に存在する物質の殆どである。

雨露によって、リーチングされる物質の一部は、同じ植物及びその周辺の植物から再び吸収される。

葉から土壌への物質のリーチングは土壌中の微生物の生育活動にも多くの影響を与える。葉からのリーチングは多くの無機物質や有機物質などの代謝物を多く含んでいるので、土壌微生物の活動を増大する。

微生物の生活に必要な化合物、アミノ酸、有機物を合成できない場合があるが、それはリーチングによって供給されるという。

リーチング物質の再吸収

葉から流下してきたカルシウムが土壌中に入るが、そのうち数パーセントが根から再び吸収される。根によって吸収されたカルシウムの多くは導管を通って地上部に移行し、特に生長の盛んな展開直後の若い葉に多量に存在するようになる。

雨水の性質の変化

雨水は地球の表面から蒸発した水蒸気が凝結して、水滴となって降下するから、天然の蒸留水である。

しかし大気中に浮遊している種々の成分などによって変質する。

また様々なリーチングに因って、なお一層変化するので、その所々によって雨水の成分はそれぞれ異なった養分を保有する雨水となる。

アレロパシー（他感作用）

モーリッシュが一九三〇年代に提唱した。他感作用・遠隔作用などと訳される。特定の種の植物が生産する物質が同種あるいは異種の植物に対して、及ぼす作用のことをいう。その作用は阻害の場合もあれば促進の場合もあるが、結果としては有害なものが多い。

セイタカアワダチソウやクローバーなどは周辺の植物を駆逐して旺盛な群落を作る。これはある種の阻害物質を出して、周辺の植物の発育を阻害しているためである。

松、桧《ヒノキ》の樹間下では、下草が生育しない。このような作用によって近傍の他種との競争に打ち勝って繁栄している種がある。

この作用は植物毎の棲み分けにも関連しているとも考えられる。植物群落の種組成の決定や遷移についてはアレロパシーが大きな役割を果たしていると推定されているが、研究は進んでいない。忌地《いやじ》の原因物質が何であるかもまだ固定されていない。

生物と土

地球の大陸を被っている地層を土壌という。人間を含めて地球上に生息している生物は総て土壌の恩恵をうけている。土壌が無ければ現在の植生は存在しないであろう。

生物が土壌を形成したばかりでなく、現在もなお無数の生物が土壌に生息している。従って地球の土壌は、微生物の力でいつも緑でおおわれているのである。

森林の土壌と動物

森林には、落葉・落枝・倒木・切株・枯枝などが堆積している。これに穿孔虫が孔道を作り、腐朽菌が侵入腐朽させ、更に朽木虫が材質の粉砕を引き継ぎ植物の分解に大きな役割を果たしている。

千年の倒木が完全に土に成るのは千年を要するともいわれる。

雨水は水生生物の生成源

リーチングされた雨水と微生物について述べてきたが、山中の湧水は、やがて川沼に、そして海洋となりクロレラ（緑藻類）、プランクトン（浮遊生物）、ワムシ（無脊椎動物）等の生成の源泉となる。

雨水は海洋資源との重要な連鎖であり、山が枯れれば海が死滅するの道理は過言とは言えない。

以下その水生生物について述べることにする。

クロレラ

緑藻類・単細胞藻類で、光合成により、デンプンを生成する。一九一九年ワールブルクが培養した。

日本でも、理学博士、高田英夫のクロレラ、「その本性と応用」がある。クロレラの光合成速度は、高等植物の数十倍であり、また一般の栽培植物の太陽エネルギー利用効率が〇・五〜二パーセントであるのに対し、三〜一〇パーセントにも達する。

乾燥藻体一〇〇グラム当たりたん白質四〇〜五〇グラム・資質一〇〜三〇グラム・炭水化物一〇〜二五グラムを含み、とくに必須アミノ酸のリジンとメチオニンが豊富であることから、クロレラは「微生物タンパク」として注目され、大きな培養池で培養された藻体が年間約三〇〇トン、日本で市販されている。

クロレラは、水生動物の餌であるばかりでなく、人間を含め動物の栄養源としても重要視されてきているが今日では農業の作物にも施用されている。

プランクトン

プランクトンは浮遊生物ともいう。一八八七年に、ドイツのヘンゼンにより最初に用いられた。

プランクトンは、移動力がなく、水の動きに逆らって移動せず、水中に浮遊して生活している生物群集と定義されている。

プランクトンは、クロロフィルをもち、光合成を行う植物プランクトンと、その植物プランクトンを直接間接的に餌として生活する動物プランクトンとに分けられる。

植物プランクトンは光合成を行い水圏における有機物生産者として極めて重要である。生産された有機物は、それを餌とする動物プランクトンやそれを餌とする小魚などの食物連鎖を通して、魚類を育てる生物生産の基礎になる。

ワムシ

輪形動物門に属する無脊椎動物の総称、大部分は淡水中に棲む。世界に一五〇〇～二〇〇〇種、日本では一七〇種ほどが知られている。餌には、植物性プランクトン・ミジンコ・繊毛虫類などがあり、種類によって決まっている。

ワムシは稚魚や稚エビなどの餌として好適で、各種養殖場では、シオミズツボワムシを培養してこれに与えている。

以上断片的に記述してきたが、大自然の営みは、複雑多岐で、然も深遠である。

森林浴の効能

森に入ると、爽やかな気分になる。精神集中が出来る。心身の不調な所が良くなる。血液が浄化されて細胞が若返る。

頭脳をリフレッシュさせ、血流が活発になる。頭の働きが活発になる。精神の集中力が高まる。

歩くことによって、末梢神経が刺激され、その刺激が脳に伝わり、ボケ防止が出来る。精神を安定させ、人心に学ぶ・働くの意欲がわく。

色んな樹木・草・花・虫・小鳥・動物を目にし観察することにより心に喜びを覚える。

一人きりになることが出来て、精神を安定することで新しい展望が開ける。

小児ゼンソク・ノイローゼ・糖尿病・胃腸病・風邪・便秘等々の病状が改善される。

山の冷水を飲んで、水の味覚を知り爽快となる。等々その効能には多々ある。


前章の山容などでは、具体的に論述し、本章では原生林の効能について、抽象的ではあるが、学理的に記述した。

よって原生林は、人類をはじめ動植物全ての、生存の根源であることが理解されるであろう。

杉・松などの単植林は、如何に広大であっても森林の効能に於いては原生林には遠く及ぶものではないことを自認するものである。

第二十二章　日本政府の国有林管理の功罪

明治四年の「官林規則」

甲斐嗣朗氏の著書『とこしえの森』の第二章「官林の開発　一項　官林規則」の解説は、貴重な高説で、極めて有意義なものである。

以下、氏の研究の成果を引用紹介する。

この官林規則は、森林保護を主体とする、森林管理の理念を厳しく定義しているものであるが、この理性の判断によって得られる最高の概《がい》念で、全ての国有林を統一し維持されていれば、全国の森林は、人間生存の根源である森林の効用が最大限に生かされる原生林が今日まで存続されていたであろう。

『1　「官林規則」の発布

明治政府は、地租改正にもまったく手をつけていなかった明治四年（一八七一）に早々と「官林規則」を発布している。それは、「国有林の経営原則・施業方法を示す」最初の法令であった。全体的に当時の山林に関する原初的な観念が垣間《かいま》見えるのである。全六カ条の短い規則である（ルビは筆者による）。

第一ノ一

『山林樹木疎《ソ》ナル所ハ種栽シ密ナル所ハ培養シ眼前ノ少算ニヨリテ叨《ミダ》リニ斬伐《ザンバツ》不可為《スベカラザル》事』

(山林がまばらな所は種を植え栽培し、密な所はこれを育てるようにし、目前の利を求める浅はかな考えでみだりに切り倒すようなことをしてはならぬ。)

第二ノ一

『立枯根返風雪折朽腐木往来ヲ妨田園良木ヲ害スル等ノ類無拠斬伐ノ儀ハ木品寸間ヲ改メ価ノ当否ヲ正シ伐採セシメ不苦事』

(立ち枯れの木、根が返った木、風雪で折れた木、腐朽した木などが往来を妨害し、田園や良木を害するようなことがあり、これをやむをえず切ることについては、その木の品質や適切な樹間を改め、価値の当否を正しく評価したうえで伐採することは苦しゅうない。)

第三ノ一

『鉄道並船艦製造官舎営繕《エイゼン》用水路樋《トイ》橋《キョウ》梁《リョウ》堤防等竹木ヲ斬伐スルハ事宜ニ寄其筋ノ官員可差出儀モ可有之候得共官庁ニ於テ取計ノ分ハ其係リノ官員点検濫伐ヲ可禁事』

(鉄道や船艦の製造、官舎の営繕、用水路の樋や橋、堤防などで竹や木をきる場合は、事が適切であるかどうか、その筋の官員を差し出すこともあることであろうが、官庁が取りはからう分については、その係の官員が点検し、濫伐を禁ずべきである。)

第四では、いくつかの樹木名を挙げている。

『松杉檜《ヒノキ》栂《ツガ》槻《ツキ》樫《カシ》栗樟《クス》山毛欅・ショウシ等ノ木材ハ国家必用ノ品ニ付精々培養イタシ私林タリトモ深切愛育ノ意ヲ可加事』

(松、杉、檜、栂、槻、樫、栗、樟、山毛欅(ぶな)、ショウシなどの木材は国家必用の品であるから心を込めて培養し、たとえ私有林であっても深く切に愛しんで育てる気持ちを加えるべきである。）

これらの樹木名中、「槻《つき》」はケヤキで、「山毛欅」はブナであるが、「ショウシ」は後に『宮崎縣大観』に出てくる「鹽地」ではないかとする説がある。

第五ノ一

『諸道往還筋並木ハ斬伐スヘカラス　人交リノ雑木ハ斬伐苦シカラス　跡地松苗木可致植付事　但往来ヲ妨ケ田園ヲ害スル分ハ第二ケ条ノ通ナルヘシ』

（諸道や往還筋の並木は切ってはならない。人の出入りの多い雑木は切っても苦しゅうない。その跡地には松の苗木の植え付けをすべきである。ただし、往来を妨げ田園を害する分については第二条のとおりにすべきである。）

第六ノ一

『水源ノ山林良材雑木ニ拘《カカワ》ラス濫伐《ランバツ》スヘカラス』

（水源となる山の樹木は、良材であれ雑木であれ、みだりに伐採してはならない。）

官林規則の精神は、総じて、樹木を大切に育て、みだりに切ってはいけません、と言っている。しかし、その後の林業政策は、はたしてこの第六条の短い一文を守ったのだろうか。』

官行斫伐《かんこうしゃくばつ》

官行斫伐とは、即ち国が行う、森林伐採事業の事である（斫《しゃく》・伐《ばつ》ともに切ること）。

明治十一年（一八七八）地理局官林作業概規が出され、官林作業課が総理する作業として、「樹木繁殖・官林斫伐・官林発売・作業費出納」が定められたとされる。

斫伐事業の拡大

明治時代後期になると、国有林野特別経営事業の一環であったものが、植伐併行の実をあげるために、「官自ラ施工スル国有林産物ノ伐木・造材・運材・輸送・貯材及ビ加工製作事業ヲ謂フ」と定義し、明治十九年（一八八六）一月に、農商務省事務条項の中に初めて定められたとされる。

以後昭和十年（一九三五）頃まで施行された。

斫伐事業の本格化と恒常化

明治三十七年（一九〇四）に始まった日露戦争は、翌年日本の大勝利で終わったが、政府は多額の経費を戦争に費やしたため財政の立て直しに、新しい歳入財源の確保が急務となった。このため、国家直営で国有天然林の伐採・加工・商品化を進め、歳入増加を図ることとなった。戦争による国家財政の逼迫《ひっぱく》事情が、官行斫伐という国家事業に拍車をかけることになったのである。

かくして山林局は、奥地に眠っている手付かずの儘《まま》の豊かな山林資源に目を向けたのである。この事業の拠点とするために、山深い奥地の国有林に事務所が置かれ、管理者が派遣され、労働者が集められた。

これが官行斫伐所《かんこうしゃくばつしょ》である。即ち国有林伐採の最前線基地である（略して、官行《かんこう》という）。

九州の官行斫伐所

熊本営林局（熊本大林区署）管内の官行斫伐所として、初めて設置されたのは、熊本県の白浜官行斫伐所であったといわれ順次全国的に拡大されたが、九州官行は最大のドル箱になったといわれる。

日南市飫肥営林署管内には、郷之原・北河内・田代・坂谷・黒荷田・広河原六担当事務所が置かれた。

旧北郷村役場（郷之原）から、十数キロ奥地の斫伐所の規模は、坂谷に小学校・槻之河内には分校（生徒数七十五名）が置かれるなど、一村を成す労務者の大集落であった。

斫伐作業

斫伐作業は、各種専門技術の組織で構成されていて、伐採は、先山師と称する専門技術を有する伐採師で、次の搬出に都合が良いように安全に伐採するのである。

最初の搬送は、牛出しという専門の業者が牛力で、木馬《きんま》（二枚の堅木板を組み合わせた橇《そり》）の土場まで引き出す。

次は、木馬師が、危険と背中合わせの搬送技術で、トロッコ（軌道の上を走る人力搬送車）で森林鉄道の土場まで搬送する。

当時の森林鉄道の支線
作業用の仮橋を「ソロバン」と呼んでいた。

トロッコ運送と鉄道輸送

大正初期から開設された、トロッコ、森林鉄道は、槻之河内本線・大戸野分線・坂谷分線で、郷之原貯木場まで、二万一〇七〇メートル、小松本線・山仮屋分線・秋切谷分線は八三四七

森林鉄道（トロッコ）の走っていた頃の蜂之巣隧道

平成20年現在の蜂之巣トンネル
左は現在の県道日南高岡線で昭和42年開通、
右が上記の蜂之巣トンネル

メートルの大規模なものであった。

郷之原からの帰りは、トロッコを犬に引かせて上るもので、その風景は山村での風物詩であった。

郷之原貯木場からは、軽便鉄道の連結貨物台車で、油津土場まで連日搬送された。

製品作業と削《はつ》り師

杉材は弁甲《べんこう》に製品化されたが、その事業所が、小松製品事業所、坂谷製品事業所の二カ所あった。弁甲製品化は、この他各所で行われていた。

油津港土場では専属の削《はつ》り師がいた。

弁甲は飫肥独特の杉材製品名で、舟積に効率の良いように考案されたものであろう。

弁甲の規格は、元口に関係なく末口《すえ》直径が一尺で、元口まで長さ四尋《ひろ》・六尋・八尋などとされる。一尺は三〇・三センチ・一尋は五尺（一・五メートル）である。

規格に合った材の反り具合を見て、反りの無い両面を、ハツリヨキ（弁甲を造るための独特の長大斧）で舟積等で転ばぬように削る。

削り師の技術は高度なもので長年の経験により練磨されたものである。

弁甲の名称については諸説あるが、弁は、片・辺・きれはし、甲は、かめ・かにの甲羅、背の転訛で、背をけずることから転移しべんこうと呼ぶようになったのであろうと思考する。

新村官行斫伐所

飫肥営林署管内西河内（酒谷村）には前記の北河内に次ぐ大規模の新村官行斫伐所が置かれ、鈴嶽の東北面は三股町旧中郷村に境する広範の原生林で作業所も五十戸を超す大集落であった。

風野官行斫伐所

串間市大平中河内風野には、福島営林署管轄の斫伐所が置かれ、複雑峻険な鈴嶽山稜は大矢取新谷と境する広範な原生林帯であり作業所も六十戸を超す集落であった。

こうして古代から人間をはじめ、あらゆる動植物を育んできた鈴嶽の豊かな原生林は全て失われてしまったのである。

風野官行斫伐所跡地は杉植林不適で伐採後地はそのまま水源涵養林に指定されている。

その後の山容はあらゆる植物が自生し始め、山頂には黒松の集団自生林が立派に生生し始まっている。

人間が手を加えなくても自然の力量で、天然林相の復元が可能であることの実証である。

大矢取新谷官行斫伐所

福島営林署管内の大矢取新谷には、小学校が設置されるほどの、北郷に匹敵する規模の官行斫伐所が開設され、産物は森林鉄道（トロッコ）で鹿児島県四浦の貯木場に搬出されたといわれる。昭和の初めに志布志線大束駅が開通してからはトラック搬送で大束駅貯木場へ搬出された。筆者の祖父松田弥平は国有林の世話人であったので当時のことを様々語り聞かせてくれたものであった。

鈴嶽も鹿久山、小松山も藩政時代までは全山古代木の自然林であったが、明治になって全域に斫伐事業が始まり大勢の山師によって皆伐された。

松・杉・桧・樫・椎・楠・椨《たぶ》・桜などの有用木は「用材」と呼ぶ角材に仕上げ、または板材にして、山床から土場までは木馬《きんま》・トロッコで、近隣は荷馬車で貯木場まで搬出された。

幼木、雑木は全て炭山師が炭焼き窯を築き、楠木の枝や根株は樟脳山師が樟脳釜を築いて樟脳を作るなど、全山全伐して後地には杉を直挿《じきざ》しして杉山に仕立てた。

今日では昔日の山容の面影は全く無くなり動植物の様相もすっかり変わってしまった。

林野庁の終末

林野庁は年々事業を拡大するに従い組織は巨大化し財政も益々増大していった。斫伐所が奥地になればなるほど搬出道の開削や維持の経費は増加する中で、財源となる材木資源は次第に減少していった。

収支バランスは悪化の一途を辿り赤字は年々増大していったのであった。

有限の資源を原資にした政策は遂に多額の赤字を残して解体の止むなきに至り、事業規模を縮小して、今日の森林管理署になった。

森林効用の低減

大自然林・天然林の激減は、林相の一大変化となり、水源の枯渇・水質の悪化・植生の変化・動植物生物の減少・延《ひ》いては渡り鳥の減少、蜜源の樹木も失われ、蜜蜂も極端に少なくなった。フィトンチッドの悪変・リーチング作用の変化・森林環境の悪化は枚挙に暇がない。

結果として森林の効能は極端に劣化していった。

単一植栽の欠陥

森林とは多種多様の然も老幼樹種が混生共生している林相を言うのであって、杉一辺倒の林相を森林と言うは論外である。

伐ったら植林すればよいの浅識《せんしき》な発想から斫伐跡には杉桧の単植が続行されたが、現今の山林は前述の森林効用の殆どが失われている。

杉桧一辺倒の拡大造林は杉単一建材の過剰となって、価格は低落し伐採後の植林意欲も失われてしまった。

現代人の森林観

明治以前と言えば、百数十年そこそこの近き時代であるが、その頃の大自然林観を知らない現今の人々は、森林と言えば斫伐跡の幼齢雑木林か、杉山を想見するであろう。そしてそれが大自然であるとして満足しているのであろうか。

杉花粉症が杉単植多植の弊害との認識もなく、もちろん確たる学説もないようであるが、昔はあまり見られなかった症状であることは確かである。

大自然林復活の責務

大自然林の復旧復活は国家の義務である。破壊したのは国の行政であるからである。

大自然林の復元力

温暖な海洋国の我が国土は、動植物の生存には最適である。全山斫伐した跡や杉桧単植の伐採跡地は人手を加えなくても百年を経過すれば、近原生林に必ず復旧可能である。

復元の過程は聊《いささ》か専門的長講《ちょうこう》になるので割愛することにするが、大内正伸氏の「植えない」森づくり、自然が教える新しい林業の姿は大いに参考になる。筆者の推奨するところである。

附録　河内の地名集録

河内の地名集録

市町名	地名	公簿記載地名	地域概要
日南市	西河内	大字酒谷（公簿になし）	酒谷村全域の旧称
	石原河内	大字酒谷甲字石原河内	小松山水系
	坂元河内	大字酒谷甲字坂元河内	小松山水系
	下荒河内	大字酒谷甲字下荒河内	男鈴山水系
	荒河内	大字酒谷甲字荒河内	男鈴山水系
	割岩河内	大字酒谷甲字割岩河内	小松山水系
	本河内和平太	大字酒谷甲字本河内和平太	小松山水系
	東河内	大字塚田大窪（公簿になし）	大窪村全域の旧称。塚田は通称河内と言った。女鈴山水系
	宿之河内	大字大窪字宿之河内	女鈴山水系
南郷町	荒河内	大字榎原字荒河内	鹿久山水系
串間市	中河内	大字大平（公簿になし）	大字大平の全集落の旧称。鈴嶽水系
	立河内	大字大平字立河内	男鈴山水系
	河内	大字大平字河内	男鈴山水系
	西河内	大字大平（公簿になし）	大字大矢取、大字一氏全集落の旧称。鈴嶽の大矢取川水系
北郷町	北河内	大字北河内	小松山水系
	本河内	（公簿になし）	坂元・昼野・平佐・黒山・板屋・広河原全域の旧称
	小河内	（公簿になし）	宿野・谷合・河原谷・曽和田・金瀬戸・黒荷田 田代大戸野・山仮屋全集落の旧称。何れも小松山水系

河内の地名は日本全国にあるが、山間地の河川水域の地名が多い。

河内の耕地にかかわる地名

公簿記載地名			概要
市町名	大字	小字	
日南市	酒谷甲	田鍋谷・坂元前田	文字の始まりは、耕作地を田の印で表した。焼畑による畑作のときは、田で問題はなかったが、水利用による水田の到来で、水田と畑を区別する必要が生じたので、田に火を加えて「畑」とした。又田に水を加えて「水田」とした。もともと耕作地は畑であったから、畑の地名が多いのが当然であるが、日本人は米を主食としたから開田に力を入れ、畑を水田に替えたので田の地名が多くなった。 黒土田が各地にあるが南九州独特の火山灰土壌による土の色から名付いたもので、白砂《しらす》・赤土《あかほや》・黒土《くろほや》などがある。 牟田・無田は牛馬耕も出来ない程泥層が深く、板を敷いて農業をする、自然の沼地で古くは各地にあり、飫肥の板敷は、飫肥城を衛る重要な泥湿地であったという。日南市役所付近にも沼んこの名がある。 寺田・八幡田は寺・神社の所領であった。津は「②義」では、あふれる・しみでる・うるおうである。留は「①義」で、とめる・とまる・とどまる・とどめるであるから用水をあふれる程導いて、豊富に留める意味である。田鶴の呼名もあり、鶴は美化したものといえる。地方によっては「つる」を「水流」としている所も多くあるが津留の意義と通ずる。田圃の広く続くところを謂うのが一般的である。
	酒谷乙	小田原・梅ノ木田・石原田・向田・黒土田・河原田・種子田・榎木田・京徳田・前田・苑田	
	塚田甲	山田・内河原田・河原田・油田・反田原・本田迫・伏木田・御崎田・畑田・小田・角田・和田・和田頭・下田・新開	
	塚田乙	小田原・八幡田・柿木田・池田・久保田・大狩田・松木田・山田頭・山田・高田・無田	
	大窪	池田・菅田・草器田・開田・苗代田・前田・角田・黒土田・畑田・青荷田・無田・石原田・米山・管田・蕎麦《そば》麥《むぎ》	
串間市	大平	河原田・小和田・永田・寺田・久保田・和田河原・下前田・下永田・鶴田・上井牟田	
	大矢取	奥ノ田	
	一氏	牟田	
日南市	酒谷甲	下津留・溜水・弁分津留・向津留・権現津留	
	酒谷乙	沖ノ鶴・下津留	
	大窪	中鶴・上鶴・下鶴	
串間市	大平	田野鶴・向鶴・杉鶴	

市	地区	地名	備考
日南市	塚田甲	小井手上・池ヶ谷・荒谷・古い池之元 不ノ木ノ谷・竹ヶ谷・善門谷	谷・迫・出水等の地名は用水の源泉地を意味するものである。 池は溜池で水をためる為の土木工事による人工池である。築池技術の発達は時代と共に高度の発達をとげた。 樋・管は導水技術の発達による施設で樋《とい》はで水を送る管のこと。 井手は導水又は貯水の為の堰《せき》で井堰《いぜき》とも謂う。水田開発には欠かせない重要な施設である。
	塚田乙	否ヶ谷・否ヶ谷平・谷ノ口・天ヶ谷 池田・島ヶ谷・永谷・中谷・下永迫 出水・下池ノ上・河路・迫・大谷ヶ谷	
	大窪	芳ヶ谷・水ノ手・池ノ八重・穴谷 本谷・穴谷尻・樋ノ口・水ノ手・上谷 谷川・浅ヶ谷・浅ヶ谷尻・東谷・荒谷 樋渡・荒谷尻・柳谷・樋掛・大泉 大谷・大谷尻・松ヶ迫・北川・谷郷 水喰・朔ヶ谷・井手尾・鍛冶ヶ迫 池ノ窪下・池之久保・梯ヶ谷・井手脇 松ヶ谷・管谷	
串間市	大平	谷ノ奥・釜ヶ谷・釘ヶ谷・和田河原 聖谷・柿ノ木谷・間坪谷・村下之河原 長谷	
	大矢取	轟谷・松ヶ谷・盲目ヶ谷・西谷・南ヶ迫	
	一氏	長谷・出水山・梅ヶ谷・西谷・木並ヶ谷	
日南市	酒谷甲	永野	畑の地名が少ないのに野・原の地名が多いのは、肥料等を投じて同一畑を連続耕作する熟畑農耕は随分と後世になってからである。古くは、山野を焼く焼畑又は蒸野畑で土地がやせてきたら放置して原野にもどし草木が繁茂するように地力が出たら又焼畑蒸野畑にする自然に基づいた畑作であったから、畑と野・原を区別しなければならない必要性は少なかったのである。
	酒谷乙	野地・下永野・永野	
	塚田甲	池ヶ野・上大野・上ノ原	
	塚田乙	大野	
	大窪	大入野・野八重・野中・石ヶ野 高原・上ノ原・中原・原ノ穴	
串間市	大平	野下・広野・片野・風野 田之野・柿禾原・揚原	

串間市	大平	野下・広野・片野・風野 田之野・柿禾原・揚原
	大矢取	蕨ヶ野・蓬ヶ野・猪ノ木野
	一氏	射場地野・広野原・三幸ヶ野 真萱・大重野
日南市	塚田乙	大畑・弐枚畑・河原畑
	大窪	前畑
串間市	大平	前畑
	大矢取	前畑・中畑
日南市	酒谷乙	栗嶺・樫ヶ谷・梅ノ木田・桃ノ木
	塚田甲	梨ノ木束・樫ヶ谷
	塚田乙	栗山・柿木田・山柿
	大窪	柿瀬戸・柿ノ田・栗ヶ穴 柿ノ谷・葛之元・蕨ヶ野
串間市	大平	柿ノ木谷・胡桃《クルミ》ヶ野・柿ノ木原
	大矢取	蕨《ワラ》ヶ平
	一氏	梅ヶ谷・橘木
日南市	塚田乙	桑大野
	大窪	桑木・桑木越・桑鶴 牧ヶ谷・牧内・牧ノ原・大入野牧
串間市	大平	元牧
	大矢取	牧内

則ち切換畑であったから地名としては野・原を付した地名が残ったのは、そのためであろう。
規模の大きいのでは大東原・池之上原等の呼名がある。

農耕の進歩していなかった縄文時代までは、大自然の樹木の実や、草木の茎葉・根茎の他、きの子・昆虫・蜂蜜等はもとより、大小動物を食物としていたのでそれが地名となった。

河内地方でも柿が七字・栗が三字・樫が二字・梅が二字・蕨が二字の他、胡桃・梨・桃・葛等同じ地名があるのが注目される。生活の基本である衣食住の衣については、動物の毛皮を用いたのは自然発生であるが、日本人は牧畜の生活がなかったので毛皮の「毛」の方の発達は無かった。

植物の樹皮・繊維の活用は古くからあったようであるが、動物質（蚕）の繊維を織物にする知識、技術の発達は、高度なものでかなり後世になってからのようである。

蚕は桑樹の葉を食することから、桑に関する地名が起きたのである。

日本人には牧畜の生活様式はなかったが、人の往来や物の運搬は全て牛馬に依存した。人の交流で経済活動・情報の交流が行われ文化の発達がなされた。各地に牧場があり、牛馬の育成をして藩に上納したが、明治になり廃止された。

牧場にかかわる地名は今日に至っている。

鈴嶽物語の地名とそのいわれと所在

物語地名	公簿記載地名	いわれ	所在地の概況
鈴　嶽	日南市 串間市 「公簿には鈴嶽はない」	おおやまづみのかみが天降《あも》りされた聖地で、天つ神から賜った鈴（銅鐸）のいわれで名付いた。	男鈴山と女鈴山の二つの山からなり、日南市酒谷村・塚田村・大窪村と串間市大束村の分水嶺となっている。
男鈴山	日南市大字酒谷乙字鈴平谷	おおやまづみのかみが天降《あも》りされて、凸峯を男鈴山とされた。鈴は鈴嶽と同義。	東面は日南市酒谷村に、西面は串間市大束村に位置する。女鈴山に接して、河内地方の名山である。（七八三・四メートル）
女鈴山	日南市大字大窪字鳳凰草	男鈴山と同意で凹峯を女鈴山と名付けられた。鈴の名は鈴嶽に同じ。	日南市塚田村大窪村と串間市大束村に境している。男鈴山に接続して河内地方の霊峰である。（七四一メートル）
鳳凰草	日南市大字大窪字鳳凰草	おおやまづみのかみが「あもり」のとき鳳凰と共に降り立たれたのでこの名がある。	女鈴山の頂上に鈴嶽神社がある。下鳳凰草の字名もある。
鈴舟石	日南市大字酒谷乙字鈴舟石	おおやまづみのかみの妃となるかやぬひめのかみの神舟を引き寄せ、舫綱《もやいづな》を巻き結んだという岩でこの地名となった。	男鈴山の頂上とその附近鈴平谷と隣接、舟の元の上に位置する。
舟の元	日南市大字酒谷乙字舟の元	妃の神舟を留め置いたところでこの名がついた。鯛ノ子と同じく海漁の港でもあった。	男鈴山の裾野で鈴舟石の下、鯛ノ子に隣接する。
小　舟	日南市大字大窪字小舟	おおやまづみのかみの妃を女鈴山に案内《あない》するため、男鈴山から女鈴山まで舟橋を掛けるのに小舟を繰り出したところでこの名が起きた。	日南市女鈴山の麓、上寺村にある。
堂　面	日南市大字大窪字堂面	星野真如院山伏宗の峯入堂があったとされる場所。女鈴山の麓にある。	

舟　橋	日南市大字大窪 字舟橋	かやぬひめを男鈴山から女鈴山の天降り山まで舟橋をかけて、無事女鈴山にお移ししたのでこの名がある。	日南市大字大窪仮屋、大窪の中心地にある。
天降り山 （さがり山）	日南市大字大窪 字下り山	男鈴山の舟の元から舟橋を掛けて、かやぬひめのかみを女鈴山におみちびき申しあげて、降り立たれたところとしてこの名がある。元名は天降り山（あもり山）であったのがさがり山となった。	女鈴山の東南面の裾野で、女鈴山登山道Bコース大窪林道の終点。ここから山道約五〇分で頂上、鈴嶽神社に至る。日南市大窪南平。
鈴嶽神社	日南市大字大窪 字鳳凰草	鈴嶽夫婦神とその御子神八柱を摂社神として、末社には、さるだひこのかみとさるめのきみを祀る神社で農・工・商・漁・狩の神の他縁結びの神としての崇敬が厚く、近在近郷はもとより、遠く大阪商人の寄進もある。	女鈴山の頂上にあり大日本神社庁に登録されている。頂上まで自動車で登山・参拝出来るが、運転には慎重を要する。 平成十年社殿を新築した。
小布瀬滝 （子産瀬滝）	日南市大字酒谷甲 字小布瀬	おおやまづみのかみとかやぬひめのかみの御子神八柱誕生の「産湯」をつかわされたところとされ、この名がある。元名は子産瀬滝である。	男鈴山北西の裾野にあり、日南唯一つの名滝で景勝地になっている。 「こぶせたきまつり」が毎年盛大に行われ賑やかである。
小布瀬 神　社	日南市大字酒谷甲 字小布瀬	農耕の神、安産と子授け（子福者）の神としての信仰が厚く、若い男女の参詣が多い。 小布瀬の元名は、子産瀬といわれる。	小布瀬・風野ふるさと林道の小布瀬入口の小布瀬滝にご鎮座される。 名滝と神社の神苑は荘厳である。元名は子産瀬神社である。
菅　田 （すげた）	日南市大字大窪 字菅田	かやぬひめのかみは女鈴山の裾野に、見事におい茂る菅《すげ》・茅《かや》を見て、ここは土地が大変肥沃のようである。田を開くのによさそうだとおおやまづみのかみと菅草や茅を刈り払い、女鈴山の神泉を引き入れて田を開き、稲種子を播かれた。見事に稔ったので菅田（すぐれた田）と名付けられた。	女鈴山の裾野宿之河内にあり、美田として今日ある。 菅《すげ》は「かやつりぐさ」で笠や蓑をつくる。 茅《かや》は「ちがや」で屋根を葺くのに用いる。 河内では「すごい」を」すげー」と言う方言がある。

鈴平谷	日南市大字酒谷乙字鈴平谷	おおやまづみのかみ（さけどきのかみ）は稲が見事に稔ったのは天・地・海の神々の恩恵であるとして、田の稲穂で酒をお造りになり、天・地・海の神々に奉供された。酒造りに、男鈴山の山平《やまひら》に湧く豊富な神水を使われたのでこの流水を鈴平谷と名付けられた。	男鈴山の山頂から南東の裾野に広がるところで、湧水が豊かで酒谷川の源流である。鯛ノ子の上流、鈴舟石に隣接する。
赤根	日南市下酒谷字赤根	くにつかみ達が大岩を切り開き投げられて山の尾が赤くなり、赤石の産地になった。	地質学的には玄武岩露出で赤くしている。
西ノ園	日南市下酒谷字西ノ園	大岩を取り除き湧水で墾田されたので西ノ園田と名付けられた。	
酒谷川	日南市酒谷川	鈴平谷の湧水で酒をお造りになったので、おおやまづみのかみはこの流水を酒谷川とされた。	鈴平谷・鈴舟石・鰻原の湧水を源流とする日南最長最大の河川で日南市の大半を潤している。
酒谷	日南市旧酒谷村	おおやまづみのかみ（さけどきのかみ）は河内の国に広く酒造りをすすめられこの地方を酒谷と名付けられ、酒谷村となった。	男鈴山の裾野に広がる山間地で日南市街地近くまで、耕地も広く豊かな農山村である。道の駅「酒谷」、坂元棚田も有名である。
猿丸	日南市大字大窪字猿丸	かやぬひめのかみが杣人《そまびと》達と茅場をお開きになったところ。さるだひこのかみとあめのうずめのかみ（さるめのきみ）をおまつりしたところでこの名がある。	女鈴山の中腹にある小丘で大入野と接続している。昔から茅場として河内地方の重要なところであった。 「杣人」山で働く人（きこり）
大入り野牧（ういんのまき）	日南市大字大窪字大入野	さるだひこのかみが道案内を終えられてから、さるめのきみと、馬の牧場をひらかれた。名馬鈴澄号が生まれた牧場である。	女鈴山南面の中腹にあり猿丸の地続きである。元名は馬生野牧（うまいむのまき）で「ういんのまき」といった。江戸時代末まで続いた。

猿田彦 大明神	日南市大字大窪 字猿丸	猿丸に堂の窪というところがある。ここに小祠を建てて、さるだひこのかみとさるめのきみをお祀りしている。	女鈴山の中腹大入野と地続きである。牛馬の神として馬頭観世音菩薩の祠もある。
早馬様	日南市大字塚田乙 串間市風野大矢取 峠	丸目八郎という武士が駿馬鈴澄号に打ち乗り活躍したのは鈴澄号の力であると、又鈴澄号が走飛する姿は並みはずれであり神馬であるとのことから鈴澄号の馬霊を祀り牛馬の神として信仰している。	日南市塚田は塚田神社に合祀。大窪は、猿丸堂の窪にあったが大窪神社に丸目八郎の武具・馬具と共に合祀・風野は大矢取境の山頂に見事な石祠を建てる等、各地に祀っている。
鰻　原	日南市大字酒谷乙 字鰻原	鈴平谷・鈴舟石・鰻原の流水は遠く、酒谷川となり、鈴嶽の神々が河内の国人達と川遊びをされたところでこの名がついた。川りょうをしていた。	男鈴山の頂上附近で鈴平谷・鈴舟石と共に酒谷川の源流である。
鯛ノ子	日南市大字酒谷乙 字鯛ノ子	鈴嶽の神々は河内の国人と共に小舟大舟を繰り出して海の幸を求めて漁をされた。その拠点となったのでこの名がある。	男鈴山の東南の裾野にあり古くは海であったと伝えられている。舟の元に接する。
鯛取山	串間市 日南市南郷町 鯛取山	鯛ノ子と等しく海漁の基地であった。古くは島であったと、今でも岩に貝殻がある。	串間市北方と南郷町榎原との分水嶺となっている。古代十三万年前に隆起したとされる。（三六九メートル）
鯛　取	串間市北方字鯛取 日南市南郷町榎原 字鯛取	鈴嶽の神々が河内の里人と漁をしたことにもとづくものでこの名がある。	鯛取山を境して北面に日南市南郷町榎原鯛取、西面に串間市北方鯛取がある。
鹿久山	日南市大窪と 串間市奈留 日南市南郷町榎原 と境している	鈴嶽の神々と河内の国人が鹿・猪等の狩猟をしたところでこの名がある。	串間市奈留と日南市南郷町榎原、日南市大窪の分水嶺で鈴嶽山に次ぐ高嶺である。肥田木氏が三歳の雄鹿を射止めて以来、河内地方の鹿は絶滅した。（四八五メートル）

鷹取	日南市大字酒谷甲字鷹取	鈴嶽の神々は河内の国人と鷹狩りをされたのでこの名がある。万葉時代も盛んであったことが文献にも出ている。	日南市上酒谷にある。藩政時代伊東藩は鷹飼の役職を置いた。
蕎麦麦 米山 小麦迫	日南市大字大窪字蕎麦麦 日南市大字大窪字米山 日南市大字塚田甲字小麦迫	鈴嶽の神は神武天皇から五穀の種子を授かり、うがのみたまの神が河内地方にすすめられたのでこの名がある。	日南市大窪寺村に蕎麦麦・通水に米山があり、上塚田に小麦迫がある。
粥餅	日南市大字大窪字粥餅	古くは精米技術もなく、容器もなかったので、煮炊きすることも知らなかったが土を固めて焼くことで、器を作ることを知って、煮炊きするようになった。	大窪神社うがのみたまを祭神として粥占の祭事を行っていた。

追　憶

地域の人々に支えられて歩いて来た私のみち

明治から昭和、大窪村の苦労

古くは萩之嶺村・塚田村に包含《ほうがん》されていた小村大窪村は、明治二十二年の町村合併で、細田村を希望していたが、榎原《よわら》神社の縁《えにし》で、橋之口村が、榎原村設立を希望したことで、二村で榎原村が設立された。ここから大窪の悲運が始まった。

役場等公共の施設の全てが、榎原（橋之口村）に設置され、小学校併設の高等科も榎原小に設置され大窪小には併設されなかった。大窪住民は公用の総《すべて》を、隣村細田村仏坂を迂回《うかい》し十数キロを通い、大窪小の高等科生徒も同様で、仏坂から榎原まで人家の無い山道を、冬季の朝夕は夜間通学を強《しい》られ、女子生徒は危険であった。

昭和六年大窪村民は、分村運動を起こし細田合併を主張し、産業組合も細田に加入を希望した。高等科の生徒は細田村に申し入れて細田小学校高等科に通学数年を実行したが、成功しなかった。

しかし村民の執念は固く、忘却されることはなかった。

悲願の大窪中学校開校。村民あげて支援

昭和二十二年、六・三・三制の学制改革で、大窪は前述の前轍《ぜんてつ》を踏むことを憂慮《ゆうりょ》し、中学校は中央の一ノ原を求めたが、希望は無視され、榎原役場横に開校された。青年団長の私は、有志と相謀《あいはか》り大窪で土地を購入し校舎を建設し、村に寄附を申し入れて、開校を求めたが不採択《ふさいたく》となった。

しかし大窪の結束は固く、大窪の中学生は、村外の知己親戚《ちきしんせき》に寄留させて就学させる同盟非行を決行したが、開校の望みは断たれた。最後の手段として、同志で英語の堪能《たんのう》な矢野命隆《のぶたか》氏によって、アメリカ軍政部・ケーズ長官に直接請願した。

団結と努力の甲斐あって、昭和三十年漸く、大窪中学校が開校された。

私は当時、中学生の子を持たないことで強く辞退したが、押されてPTA会長になった。新設校は教材も整わず教務に支障が生じることを補完するために、異例の地域住民全員と先生の会のPTAを組織し、グランドピアノをはじめ、様々な教材の補填《ほてん》を行った。

先生の負担軽減に体育指導員をPTAで補充し、庭球の徹底練習は、県大会連続優勝を重ねて、小規模校と雖《いえど》も大規模校に優ることを県下に示した。

ここに学校があった
大窪中のテニス、県下に勇名をはせる

「平成十年十一月十日宮崎県教職員互助会発行」

大窪中のテニスが、テニスの大窪中かといわれたほど、県下にその勇名をはせた時期があった。昭和五十七年三月に閉校記念「あゆみ」を作成しているがその中に栄光の記録＝テニス部の活躍というのがある。それによると、昭和三十年から昭和五十六年の間に、地区大会での団体優勝が十三回、準優勝が十回、個人優勝が十六回。県大会での団体優勝が九回、準優勝が三回個人優勝が三回となっている。これだけの成績を残しているのだから、テ

ニスといえば反射的に大窪中が出てくるようになったのも当然のことだろう。と記している。

中学校設立運動中も開校後も、各方面から「小規模校は学業成績は上がらんよ」の中傷的な意見を多く聞いたが、学業成績（高校進学率）も大規模に劣らぬ成績を示した。

それは地区民と先生の力を結集しての努力の賜である。

日南市に分村合併

日南市制は昭和二十二年、飫肥・油津・吾田・東郷合併で発足、続いて細田・鵜戸が合併した。大窪は六十有余年の念願であった好機到来、機を逸《いっ》することなく、分村日南合併に一致結束し、村に請願したが、村会が纏《まと》まらないうちに同三十年十一月二日、酒谷が合併した。

先行され危機を感じた世話人会は、私のオート三輪車に満員乗車（当時は違法乗車制限なし）して、村会に猛烈な運動を続けた。その結果、昭和三十年十二月五日、念願の分村日南市合併が実現した。

明治二十二年以来、日の当たらない行政の苦境から漸く脱却することを得て、大窪村民の歓喜《かんき》は、感涙むせぶものがあった。

私は大窪村民の推薦《すいせん》を受けて、昭和四十一年二月四日、日南市議会議員に当選の栄誉を頂き、重大な責任を感じ、地域・日南市のため一層の努力を尽くすことの決意を新たにした。

誘蛾灯の考案と普及

大窪村は明治時代から柑橘栽培が盛んで、早生温州の産地であった。

昭和三十六年頃から、出荷直前の早生みかんが腐敗落葉する、大被害が続出した。これの防除に宮崎県農事試験場等で研究されたが、夜行性の害虫の対策が見つからなかった。

我々は夜行性の昆虫が電灯に集まる習性をヒントに、田中孝氏等と家庭用蛍光灯《けいこうとう》に水盤を取り付けて実験したところ、かなりの効果があることを知り得た。これを実用化するには、夜行性昆虫の習性・電光色の種類・光度・周波数等々を専門的に学習する必要があった。

私は千葉大学野村健一教授・東大浅見與七教授等の文献等を参考に、電照による害虫防除器具（誘蛾灯）を考案（末尾添付参照）し、三菱電機大船制作所に製作を依頼した。

資金の運用、器具の購買販売等は日南市農協に一任したが、問題は山間での大規模の電気工事を九州電力が承認してくれるかであった。

私は九電宮崎支店長のご協力で九州電力本社に陳情した。年間僅か三カ月点灯に大規模の施設は維持費の問題から不可能と、門前払いであった。

次回は知恵を絞り、薬剤散布の動力をモーターにする、電気草刈機を導入する、みかん貯蔵庫にクーラーを取り付ける、みかん選果機にモーターを使う、その他農業電化を推進する、宮崎県農業電化推進部会を結成して、活動を進めていることを力説した。

効あって九電の協力が得られたことで、宮崎県果樹振興協議会大町西二会長、私（副会長）は、宮崎県全域に誘蛾灯を推進することにして生産者大会を開催し決議した。

日南地区は、昭和三十九年六月着工、八月点灯を目指して大窪地区から始めた。大窪工区だけでも電柱七百本、トランス三十台等の大工事であり、九州電工日南営業所に宮崎・都城営業所の応援で、生産者も動員して予定の八月一日点灯に成功した。

完成祝賀会を、九電・九工・県・市の関係者を招聘《しょうへい》し盛大に挙行した。

この全国初の偉業は、大新聞の全国版に報道され、また有名農業誌「農耕と園芸」等にも掲載された。

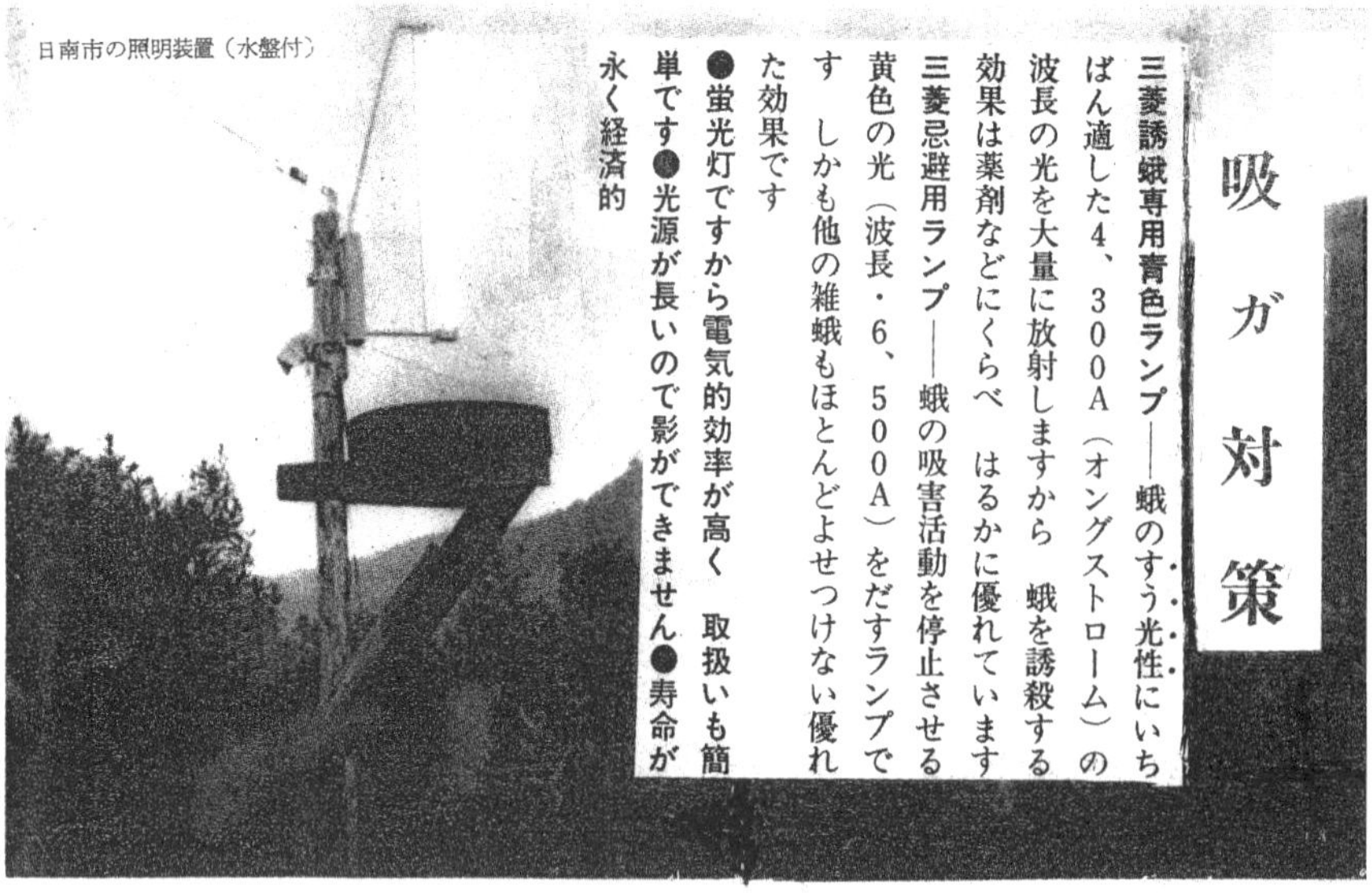

日南市の照明装置（水盤付）

宮崎県日南市にて

（千葉大学園芸学部教授　農博）
野村健一

ここの大窪地区で、ミカン園に対して大規模な電灯照明が始められたという話は、風の便りに聞いていたが、昨秋ようやく現地訪問の機会をつかんだ。

県側から山本・永友両技師、それに九州電力宮崎支店の荒井さんたちも出動していただいて、私たちは日南海岸を一路南下した。宮崎から日南までのこの海岸線の美しさはいうに及ばないが、私たちの車中談はもっぱら吸ガ類と電灯照明の話に集中した。うわさに聞く大窪の実態はどうか――はるばる出かけてきた私は、早く現地に着きたいことでいっぱいであった。

日南の市街地から山手にはいる。ぽつぽつミカン園が見える。電柱とけい光灯（青色けい光灯）もところどころに見えだした。私がキョロキョロしていると、この辺はまだ序の口とのことで、規模の大きいことにまず驚かされる。

ようやく中心地に着く。組合長の松田さんのご案内で一行は見晴らしのよい山腹に登り、ミカンをご馳走になりながら同志の苦労談を聞く。なにしろ参加戸数一一〇戸、ミカン園電化面積一二〇haという集団点灯が実現したのであるからまったく驚異のほかはない。

この山腹から見おろすと、秋の陽を浴びた白い電柱とけい光灯が、あちこちに光って見える。それは松田さんの、また九電側のなみなみならぬ努力、協力の結晶といっても過言ではあるまい。

「部落の全員に、この事業に参加してもらうよう、毎晩のように各戸を訪れては説得して回りました……」

松田さんは淡々として経過を話されるが、それはたいへんなことであったと思う。感心したことは、この電化事業は吸ガ対策が大きな目的ではあったが、将来に備えての動力電化もあわせて考慮され、また幼木地帯にも今のうちから照明施設を行なうなど、総合的な長期計画のもとに推進されたことである。もちろん電力会社側の絶大な支援も特筆すべきもので、これだけの大事業で一戸当たりの負担が約五万円ですんだという話には、私も二度びっくりした。

この地区の照明施設は、なかなか立派なもので（電柱一本と器具一式で約一万円かかったという）、点灯密度は平均三〇aに一灯ということであった。われわれの眼から見ると、もう少し灯数が多い方がよくはないか、また光源についてさらに検討の余地はないか、など若干の意見もなくはない。

しかしこの地区での効果は、一応満足すべき状態と推察された。これだけの広面積に全山いっせい点灯ということで、一種の面積効果のようなものが加わるのかもしれない。まだまだわれわれにはわからないことがある。しかしとにかく電灯照明は面白い――私はなにか勇気づけられたような気持ちで山を下った。

松田正照氏
宮崎県果樹振興協議会理事
日南市果樹研究同志会顧問
日南地区柑橘園電化推進協議会会長

その時鹿児島の農協長宝満《ほうまん》保さん（元宮崎県柑橘《かんきつ》試験場長であり私が助手を務めていた）から電話があり、鹿児島にも誘蛾灯を奨《すす》めたいので、生産者大会に講演に来てくれとの要請があり、出向して宮崎県の実状を話した。こうして鹿児島県にも普及し暖地性のあけびのこのは蛾類の防除にも大成功した。

テレビ難視聴解消

某日、同窓の増井康馬《やすま》君に絆《ほだ》されて「テレビを見ゆるごっせんかよ」の提言に、虚《きょ》を突かれた感に打たれた。

早速河合市長とＮＨＫに要請、南郷町と細田町分水嶺、瀧ヶ平山頂に中継基地設置が決定した。自動車道開設から始まり、基地は建設された。発信式には、急逝した増井君の遺影を携《たずさ》え、「増井君、君の提言で中継基地が出来たぞ」等言ったものであった。

日南・南郷の人々は、基地発信で挙《こぞ》って喜ばれると思いきや、結果は意外、「うち辺な全然視えんど」。直線電波の欠点で当然の現象であった。

難視聴地区には、共聴組合を結成し有力電波受信地から、電力送信ケーブルテレビ方式を実施した。少額の負担金は必要であるが、映像が極めて鮮明であり隣県の電波も受信出来る利点があり喜ばれた。日南市に十、南郷町に五、北郷町に一、合計十六組合が設置され、昭和四十九年大窪上寺村（私の出身地）を最後に、日南地方のテレビ難視聴は解消された。

電話の普及事業

昭和三十年代は、町村役場等主要機関か、大きい事業所の他には電話は無かった。

私の長女が出産する時はたいへんだった。大窪郵便局に公衆電話があったが、相手に電話が無いので、山道を走って三時間。産婆さんが着いた時は、幸い安産であったが、お産は済んでいた。

昭和三十六年、農村集団電話組合法が施行された。大窪の有志三十六名で結成し、幹線一本を引き入れて交換業務及諸経費一切を組合負担で運営した。

大窪一七〇戸には大変便利であったが、欠点も多く隣村の萩之嶺に一組合が出来ただけで普及しなかった。

昭和四十二年に地域集団自動電話組合法が施行された。小型自動交換機を貸し付ける方式は、前者の方式が大幅に改善されたことで、私は細田全域に参加を呼びかけ発足した。

細田中体育館で通話式を祝ったが、交換機の能力が半径五キロでは細田全域をカバーすることが出来ず喜びは半減した。私は地域の推薦《すいせん》を受けての議員であることから細田全体の加入が出来ないことに、一抹《まつ》の責めを感じることになった。

変転する電話政策に、電話とは何かを、真摯に考究することになった。電話は情報伝達の公共的主要な機関であるが、相手が持たなければ全く機能しない。とすれば全員が同時に加入することが原則ではないか。

前記のように変転する政策は、根本的に間違っていないか。基本的には国民全員、同時加入が理想である。出来なければ、県単位か町村単位で全員同時加入の政策を採《と》るべきであろう。私はこの主張を電電公社総裁に直訴し、細田・大窪・隈谷《くまや》の全戸に本格的自動電話を取り付ける事を要請する請願書を提出することを思索《しさく》した。

請願書に地区民全員の署名捺印をお願いすることを、細田区長会（私区長会長八期歴任）に提案した。区長会の協力で、地区民全員の署名捺印の請願書が完成した。

市長・市議会議長・県知事・県議会議長・電電公社日南営業所長・同宮崎通信部長・同熊本通信局長

には、それぞれ郵送し、残り二通を携え上京、衆議院第一議員会館小山長規先生に閲覧《えつらん》願い総裁に面接出来るようにお願いした。

一読された小山先生は、松田君は面白いことを考える男だね、よかろうと藤井秘書の案内で総裁に面接した。総裁は、「さっき小山先生から電話があったよ、解《わか》った」であった。丁重にお願いして退席した。小山先生から二、三日泊っていけと申され、三日後、松田君出来たから、熊本通信局長にお礼を言って帰れ、であった。

意味不明瞭《ふめいりょう》の儘《まま》、熊本通信局長に面会した。「松田さんも政治家ですが、公共事業は前年度に企画され、翌年に予算化され、着工というのが順序ですね。今回のように、年度途中に大事業を割り込んでもらっては大変に困りますね」と迷惑顔であった。慇懃《いんぎん》に礼を尽くして退席した。

帰宅数カ月後、突然公社から、本格的電話工事が着工される。大堂津小学校前に大型交換局を設置するとのこと、土地の世話を依頼して来た。

幸い友人松岡さんの土地が適所にあったので昭和四十四年五月に決定した。工事は引き続き全地域に進められ、黒いケーブルが、細田・大窪・隈谷の本宅・隠居屋《いんきょや》はもとより、事業所・みかん園の作業所まで、人の動く所の隅々まで延々と張り巡らされ電話がついた。一戸に二、三基の人もあった。中には請願書に意味不明の儘署名捺印した人もあって、うちは申込書を出さんとに電話が付いたが魂消《たまげ》たという。鈴嶽山中の一軒家に住んでいる河野一男さんは、「用事は町まで単車で行かんなんかったが、お陰で電話で済まさるごつなったが、こんげ嬉しこたね」等々の話であった。

私の主張通り広域同時設置が実現して大堂津小学校体育館で流行歌手を招聘《しょうへい》し盛大な通話式を挙行した。小山先生が、「松田君、広域同時設置は、全国にも無いこっだね」とご自分の政治力を誇らず申された。先生の人格の偉大さに心を打たれ感謝した。

主要地方道・県道三号線の変更

大窪の山間地に続く、下塚田・上毛吉田・上隈谷・西弁分の山村振興策は、私の政治主要命題で、常時思念《しねん》するものであった。

その基幹《きかん》として、道路改修が最大の課題であり、この路線のうち大窪下塚田間は、戦時中軍が開削《かいさく》して村道から市道になったもので、車の通行は可能であるが極度の悪路である。

その他は町道が市道になったものである。この路線を県道に昇格して改良することを県に要請したが、大窪下塚田間は人家も全く無く林道的性格で難題、その他は可能性があった。大窪下塚田間の改良こそが私の至上命題であることから、方策として、下塚田・西寺・東下中間の県道を市道に移管し、下塚田大窪間を県道に移行する案を、小山先生にお願いして実現した。

その時小山先生から、「松田君、希望通り県道になったが、この儘《まま》では百年経《た》っても改良は出来んね。主要地方道三号線を振り替えるか」と申された。私は是非にとお願いした。大堂津起点細田縦断大窪間を平野起点西弁分大窪間に変更して、新県道三号日南志布志線となった。

以後逐年《ちくねん》改良が進められ、最悪工区下塚田大窪間難工事が完工し最後の第一仮屋橋の架《か》橋で全工程完成が目睫《もくしょう》となった、問題提起から四十数年を経て今日までを回想するに感慨《かんがい》無量なるものがあり、神助に感謝するものである。

以上の諸事成就は恩情豊かな地域住民の御協力の賜でありますその手伝いをさせて頂いたことは私の至上の喜びとするものであります。本書を借りて厚くお礼を申し上げます。

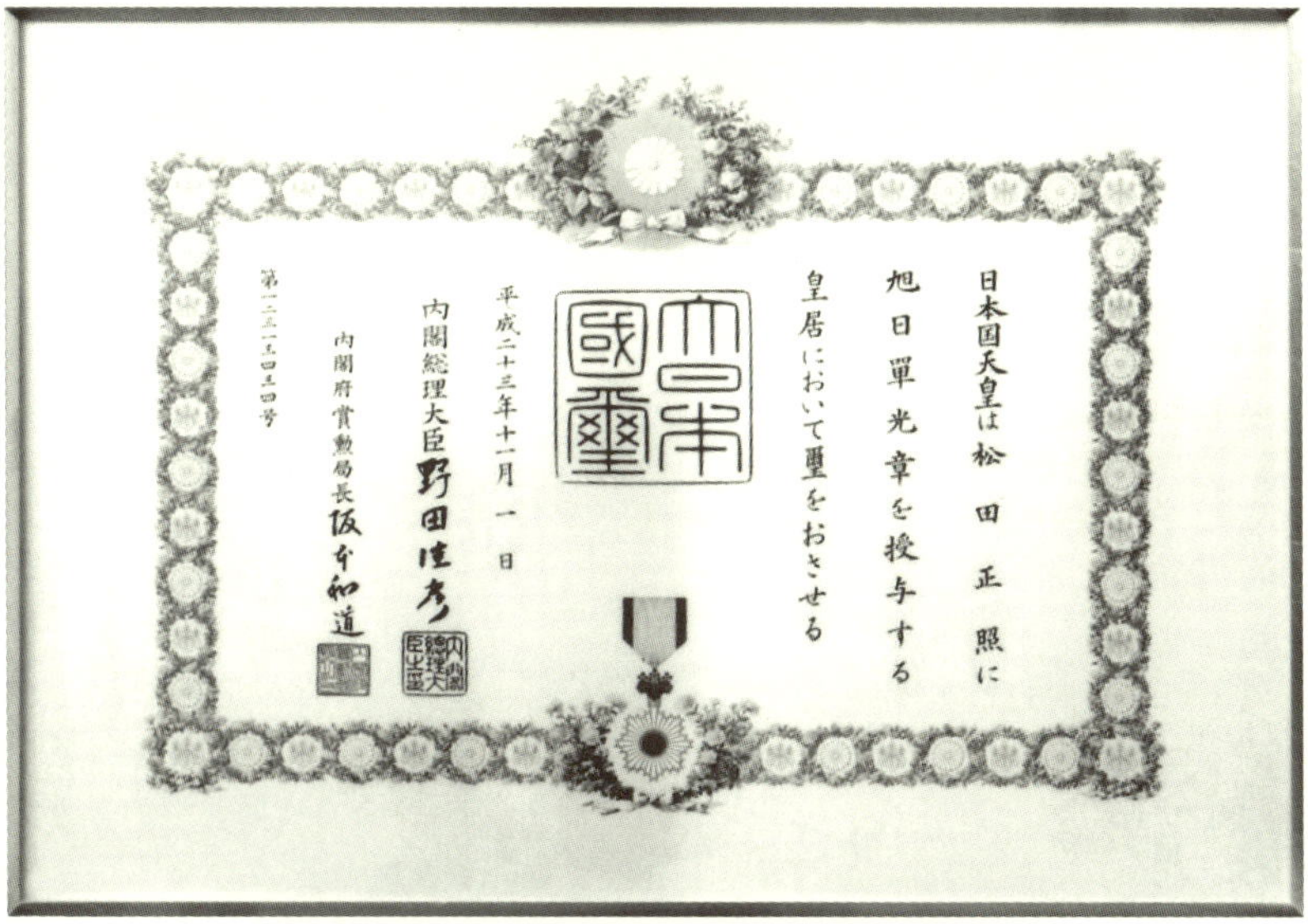
日本国天皇は松　田　正　照に
旭日單光章を授与する
皇居において璽をおさせる
大日本國璽
平成二十三年十一月　一　日
内閣総理大臣野田佳彦
内閣総理大臣之印
内閣府賞勲局長阪本和道
第一二五一五四五四号

旭日單光章を授与される
（平成23年11月10日　官報第5677号）

後　書

本書を発刊するにあたって、谷口義幸氏に序文を寄稿していただきましたことは何よりの光栄とするところであります。氏は、元建設大臣衆議院議員瀬戸山三男翁の秘書として国政に参与され、退職後は世界各国の歴遊によって一段と造詣を深められたあと、日南市長を歴任されました。日南市・南郷町・北郷町の大合併実現は偉大な業績であります。

稿の排受に当たり深謝すると共に、厚く御礼申しあげる次第であります。

※　　※

さて、本書をご購読いただく、読者諸氏は、一見して、「これは何だ、歴史書でもなく、小説でもない」と異口同音に評言されることでありましょう。ご高説の通りで、筆者は雑録と自認しております。

元より浅学非才文稚であれば、文法・語法の素養もありません。従って、文選・文体も雑然で、文意の伝承伝授も不十分であります。

それを万々承知の上恥を忍び、先人諸公の切なる要望に応える責任感から廉恥《れんち》を以て構成致しました。

地名

端書に述べた通り、地名について鎌で刈り鍬で耕す如く探索《たんさく》探究すると言えば、少々オーバーな表現でありますが、筆者の才覚学力では限界があり、力量不足を感受しながらも、末尾附録に記載したように、数多《あまた》の地名の其々《それぞれ》に意味があり、それから意義が派生していることを認識し得た次第であります。

それは古代からの事象《じしょう》に起因する現象によって、民話・説話・物語になって、口伝され地名になったのであります。

故郷の美

農山村は、山紫水明の豊かな自然の恩恵に浴し、古代からの故事来歴は、神話・伝説を生みました。日本古来の大自然と共存してきた、住民相互秩序の美しい結いの精神は、祭祀・神楽・民謡・民舞・民芸の詩想・歌垣《うたがき》となって、悠久の世代から継承されてきました。共存同栄の農村文化は、村落全体が家族同様の生活形態を構築してきました。これが総じて言うところの農山村のゆかしい姿容生態であります。

この麗《うるわ》しい山村の美風が、永遠に伝承されんことを願って筆を止めます。

二〇一六年五月吉日

［著者略歴］

松田 正照（まつだ まさてる）

大正12年10月10日生まれ。日南市大字大窪南平出身

日南市議会議員
日南市農業委員
日南市環境審議会審議委員
宮崎県園芸振興協議会副会長
宮崎県農業電化推進会会長
元建設大臣衆議院議員 小山長規秘書

現住所 〒887-0012
宮崎県日南市園田1-12-12
TEL 0987-24-0545

河内之国風土記
鈴嶽物語

二〇一六年六月 六 日 初版印刷
二〇一六年六月二十三日 初版発行

著　者 松田正照©
発行者 川口敦己
発行所 鉱脈社
〒八八〇-八五五一
宮崎市田代町二六三番地
電話 〇九八五-二五-一七五八
郵便振替 〇二〇七〇-七-二三六七

印刷 製本 有限会社 鉱脈社